家 有 难 管 难 教 娃

管不住的孩子

对立违抗孩子家校共育指南

陈默 苏俊华 陈苇真 / 编著

湖南教育出版社
·长沙·

著作权所有，请勿擅用本书制作各类出版物，违者必究。

图书在版编目（CIP）数据

管不住的孩子：对立违抗孩子家校共育指南 / 陈默，苏俊华，陈苇真编著. —长沙：湖南教育出版社，2024.6
ISBN 978-7-5539-9839-8

Ⅰ. ①管… Ⅱ. ①陈… ②苏… ③陈… Ⅲ. ①儿童教育－特殊教育－家庭教育 Ⅳ. ①G76②G78

中国国家版本馆CIP数据核字（2024）第089605号

GUAN BU ZHU DE HAIZI: DUILI WEIKANG HAIZI JIA-XIAO GONGYU ZHINAN

管不住的孩子：对立违抗孩子家校共育指南

出 版 人：刘新民
策划编辑：陈慧娜
责任编辑：陈逸昕
封面设计：宋祥瑜
出版发行：湖南教育出版社（长沙市韶山北路443号）
电子邮箱：hnjycbs@sina.com
网　　址：www.jiaxiaoclass.com
微 信 号：家校共育网
客服电话：0731-85486979
经　　销：全国新华书店
印　　刷：湖南省众鑫印务有限公司
开　　本：710 mm×1000 mm　1/16
印　　张：7.75
字　　数：88 000
版　　次：2024年6月第1版
印　　次：2024年6月第1次印刷
书　　号：ISBN 978-7-5539-9839-8
定　　价：35.00元

本书若有印刷、装订错误，可向承印厂调换。

推荐序

常言道：儿童是祖国的未来，儿童也是家庭的希望。

儿童期在一个人的整个生命周期中占有极其重要的位置。一个人，无论是生长发育、心理发展，还是早期教育以及长大成才，都依赖于儿童期的顺利度过和有序发展。

常见于儿童期的心理问题是家长在育儿过程中较为头疼的事情，常常使家长手足无措，难以应对。同时在众说纷纭、真假难辨的海量信息中家长又难以找到合适的育儿策略和方法，由此给家长带来更多的困惑。

由陈默老师等编写的"家有难管难教娃"系列丛书包括《坐不住的孩子》《说不听的孩子》《学不好的孩子》以及《管不住的孩子》，系统地描述了儿童早期异常的心理发育问题，内容既简单明了又全面详细。书中精准的文字描述，配上生动活泼的插图漫画，图文并茂地为广大家长呈现出儿童期这些异常心理问题的本质、成因、主要特征、对孩子的危害、干预方法和治疗建议等。丛书文字简洁明了，内容详而不赘，形式活泼生动，且携带方便，便于随时阅读。

《坐不住的孩子》主要描述了多动症儿童的基本特征，在不同年龄和情景下多动症儿童的困难和可能给他人带来的困扰，给家长和老师提供了积极而有效的应对方法。

《说不听的孩子》则是对有社交活动异常，也就是患有阿斯伯格综合征的一类特殊儿童的介绍。阿斯伯格综合征现已经并入自闭症谱系。虽然这一类孩子看似没有语言问题，却不能进行恰当的交流，他们的一些行为总让人不能理解和接受。同样地，在书中也给出了积极的应对方法和良好的专业建议。

《学不好的孩子》针对一些在学校里备受挫折的孩子，他们智商没有问题，却怎么也学不好，这背后到底是什么原因？而做家长的到底该如何来帮助他们？学校又能做些什么来为总是学不好的孩子提供教育机会？本书将带给您答案。

《管不住的孩子》从行为问题的角度，阐述了有对立违抗性障碍的儿童的行为表现，书中的支招或许是家长们最想了解的内容。

总之，希望阅读该丛书的读者，无论您是家长、老师、学生、研究者，抑或是对儿童心理健康感兴趣者，都可以从中获益。

是为序。

杜亚松

主任医师、教授

上海交通大学医学院附属精神卫生中心

2024 年 4 月 23 日于上海

序 言

近些年，我去小学被问到最多的问题是，有些孩子特别难管难教，给学校教学管理造成很大的困扰，老师们如果不了解他们问题的成因又缺乏干预的方法，就只能找家长反馈。而家长看不见孩子在学校的适应情形，对自己孩子何以如此不堪也是一无所知，因此容易与学校产生矛盾。为此，家校双方都苦不堪言，有的老师甚至因为管不了这类孩子萌生了离职的念头，也有些家长觉得自己的孩子彻底教不好了，计划着生二孩。

虽然难管难教的孩子只有极少数，但对一个班级来说，只要有一两个特殊的孩子就有可能干扰到整个班级的秩序。

这些难管难教的孩子到底是怎么回事？他们究竟出了什么问题？在现有的条件下我们可以给他们提供什么帮助？怎么能更有效地管理这类孩子？怎样可以使他们在自身现有的条件下发展达到最佳？我们想要告诉老师和家长的是：这是不能再等等看的事了。

为此各班人马劲往一处使：湖南教育出版社长期扎根于教育类图书的出版，致力于为儿童青少年的健康成长服务；一位作者陈苇真在一线机构从事特殊孩子的训练矫正工作；另一位作者苏俊华做过特殊儿童的影子老师，并一直在做儿童青少年的心理咨询工作；而我本人，近30年来一直从事儿童青少年的心理咨询工作，接触了大量特殊孩子的案例。在四方协作下，我们坚持用一年多的时间完成了这套书的写作及插图编辑工作。

鉴于目前人们的快节奏生活，我们一致决定此书以短平快的形式呈现。我们对很多知识点进行了图解，并且配上大量插图，以便于读者更轻松地阅读和理解，也便于平日里随手翻阅。全套书由四册组成，每一册图书集中讲述一种类型的孩子，读者既可根据自身需要选择单册阅读，也可选择全套通读，总之一切以读书便利为计。

这是一套倾注了一个小团队共同努力的书，现在，它终于和读者见面了。我们希望通过这套书，为教育工作者、家长以及其他关心特殊儿童青少年成长的读者提供实用的指导和帮助。

我们始终相信，每一个孩子都是一颗独特的种子，只要给予适当的关爱和引导，都能开出自己的花。

陈　默

2024年3月

在我们的咨询室外间，是一个备有沙发和茶点供来访者等候、休息的地方，这里被布置得轻松惬意，是想让陪孩子来做咨询的家长可以在等待的时间里过得舒服一些。而这个空间承载得最多的正是家长的焦虑，甚至这种感受比在咨询室里还浓烈、还急切。

最常听到的是家长急切的问话："老师，我们可怎么办啊？""老师，你一定要帮帮我们！"他们的孩子被贴上了"难管教"的标签，被学校要求，或因家长束手无策而带来咨询室。而有趣的反差是，这些孩子却较少有愁眉苦脸的，有的一进来就东张西望，看到有趣的东西比如沙盘室的设备，都按捺不住想要试试；有的任父母软硬兼施，始终一副沉浸在自我世界的表情。与他们的"淡定"形成鲜明对比的是他们父母备受折磨的神情，几乎看不到一张笑脸，他们孩子的"特殊性"，像一个施加在家庭里的魔咒，都不知道怎么地，他们就被关进了一个迷宫，感觉走到精疲力尽了，却怎么都找不到出口。

很多家长流露出的就是这种无助的感觉，因为心中始终存在一个大大的疑问：我家孩子手好脚好的，人其实也不笨的，为什么他就是会表现得那么"与众不同"？家长因为关注自己孩子比较多，横向比较少，往往是从学校老师那里得到反馈告知自家孩子与普通孩子之间的差异。如注意力不集中、情绪很难控制好影响集体生活、某一门课怎么教都很难跟上……而这些在学校的问题表现，一开始并没有引起家长的重视，他们认为孩子只是不懂事、不听话、不努力，但那些惯用的管教方式一通试下来，却发现问题非但没有解决，甚至把亲子关系推到了糟糕的境地。而学校之
外，也没有哪所医院，可以给孩子的问题下个诊断，或者说就算可以归类，也没听说过什么"灵丹妙药"可以"药到病除"。那家里这个不太听话、难管难教的孩子到底出了什么问题呢？

在您翻开的这一册书里，我们来讲一讲这样一类孩子，他们有时候被人称为"小霸王"，脾气大得很，主意多得很，出手也重得很，而且还喜欢主动出击、挑衅权威，是真正的不服管教的一类，用心理学术语讲，就是"对立违抗性障碍"（为方便读者阅读，正文中简称为"对立违抗"）。这也是最容易让家长备受指责的一类问题，因为大家似乎都轻易地认为这就是家庭管教出了问题，而事实上，这类问题背后的原因还真不是那么简单。

在这本书里，我们会对"对立违抗"症状进行全面介绍和解析。在本书第一章里会出现比较多的术语，没有心理学背景的家长也不用有顾虑，这些都是铺垫，为的是让我们以更科学的角度去了解这些症状。之后我们会分家长、学校和机构三个板块，更接地气地向您介绍如何来应对家里这个"难管难教"的宝贝孩子，以帮助他更好地成长。

目 录

第1章 对立违抗是什么

对立违抗性障碍的定义 … 2
对立违抗孩子的特征 … 4
对立违抗性障碍的诊断标准 … 9
对立违抗性障碍的发病机制 … 12
对立违抗性障碍与其他问题 … 16
对立违抗性障碍典型案例 … 18
对立违抗性障碍的治疗 … 28

第2章 家长如何应对

破解"对立违抗"的迷思 … 33
与对立违抗孩子相处的策略 … 39
还想对家长说 … 48

第3章 学校老师如何应对

适应校园生活篇 … 53
人际关系提升篇 … 57
积极学习态度篇 … 60

家校沟通合作篇　　　　　　　　　　　　　　　63
还想对老师说　　　　　　　　　　　　　　　65

第4章　机构能做什么

案例一　　　　　　　　　　　　　　　　　　72
案例二　　　　　　　　　　　　　　　　　　79
案例三　　　　　　　　　　　　　　　　　　85
案例四　　　　　　　　　　　　　　　　　　91
案例五　　　　　　　　　　　　　　　　　　95
案例六　　　　　　　　　　　　　　　　　　100
案例七　　　　　　　　　　　　　　　　　　107

附录一　品行障碍（CD）的 DSM-5 诊断标准　　112
参考文献　　　　　　　　　　　　　　　　　114

第 1 章 对立违抗是什么

ODD

对立违抗性障碍的定义

对立违抗性障碍（Oppositional Defiant Disorder，简称ODD）是一种行为障碍，通常会在孩子的儿童时期就被诊断出来，因为这类孩子特征非常显化，他们在任何一个群体里都很出挑，他们会对父母、同伴、老师和其他权威人物表现出不合作，有时又非常消极，严重时还会直接挑衅。他们通常是非常易怒的，经常表现出惹人烦的行为。

到目前为止，行为障碍是儿童和青少年被转诊到精神卫生服务机构的最常见原因，因为他们的行为往往被家长认为是"不可控""不可理喻"的。

对立违抗性障碍
- Oppositional Defiant Disorder 简称 ODD
- 一种儿童行为障碍
- 以违抗、敌意、对立、挑衅、破坏行为等为特征

> 有对立违抗性障碍的孩子往往会对他人造成负面的影响，与我们这套"家有难管难教娃"系列书中涉及的其他几类问题都不同，属于"不得不处理"的一类问题。

受不同国家、地区、社会风俗、人口、社会经济背景及诊断标准等因素影响，ODD 患病率的报道不尽一致。

· 塔姆辛兹等研究人员在英国使用定式访谈和 DSM-IV 标准，发现 13～15 岁人群 ODD 患病率为 1.4%，这是英国的数据。

· 我国孙凌等在对长沙市 9～14 岁儿童的调查中发现，ODD 检出率为 8%，其中男生占 11%，女生占 5%；山东大学李冰的研究也得出类似的数据。

一般的研究指出，青春期前男生的患病率高于女生；青春期期间男女患病的比例就相似了，或女生略低于男生；而青春期的后期，女生的患病率有上升趋势。

DSM-IV（《精神障碍诊断与统计手册（第四版）》提出 ODD 患病率有随着年龄增长而增加的趋势。通常说法是 14～16 岁为 ODD 发作的高峰年龄；而根据我国孙凌等的研究报告，高发年龄为 9～12 岁。我们可以把 ODD 患病率想象成一条抛物线，10 岁以前稳定增长，11 岁到达高峰，12 岁后稳定下降。10～12 岁正是孩子们从童年晚期向青春期过渡的阶段，孩子自身的生理和心理正在发生剧烈的变化，比较容易与环境发生冲突而产生 ODD 的症状。

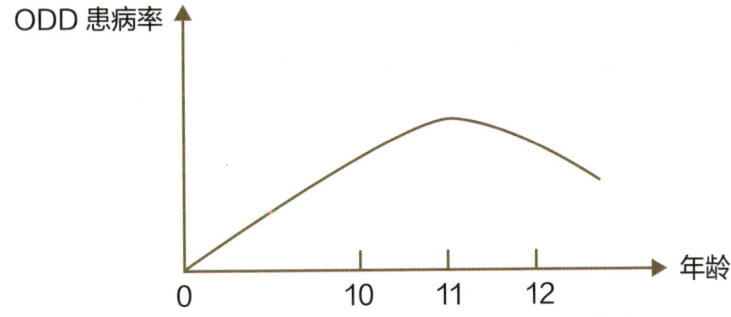

对立违抗孩子的特征

有对立违抗性障碍的儿童和青少年,总会出现比较显性的相似行为特征,比如脾气比较火暴,常常以敌对的方式应对他人。但有时在普通儿童中也会出现对立违抗性障碍的部分症状,特别是在其2~3岁,或在青春期这段特殊的时期。有不少孩子,当他们处于特别的境遇下(如饥渴、疲劳或心烦意乱时),往往会表现出不服从,与父母争吵,或违抗权威。但总的来说,ODD孩子和特殊情况下表现强烈的孩子,还是可以比较明确地区分开来的。

患有对立违抗性障碍的儿童和青少年,这些症状会更高频率地出现,并且会干扰其正常的学习,无法适应学校生活,在人际关系上也总是会出现这样或那样的问题。

> 对立违抗从字面上就突出了孩子对抗权威和规则的最大特征。

对抗与拒绝服从

对立违抗孩子往往是难服从管教的孩子,对学校或者家庭制定的要求或规定常常表现出对抗或者拒绝服从。但凡受到批评,他们就要争辩,无论对方是家长、老师还是其他人,对他们来说都没有什么区别。他们如果犯了错误,会特别强调一些客观因素,总之怎么都不是自己有错。

难以达成妥协

要与这类孩子达成妥协时常很困难。发生纠纷时,他们不太能通过合理的谈判正确地分析事件,让他们做一些让步更是非常难的。遇到事情怎么权衡关系,或是达成双赢的局面,对他们来说,要考虑到这些层面是过于复杂的,他们能考虑到的只有自己。而在一些自知做错的事情发生后,为了逃避批评和惩罚,他们还可能把自己的错误归咎到他人身上,严重者甚至会指责他人,而不顾是否符合事实和逻辑。

不考虑他人及后果

由于他们的行为模式几乎很难考虑到他人,所以父母、老师或同伴都会经常批评和指责他们,而这又进一步激发了他们的敌对情绪,使得他们成为"刺儿头"。他们对大人缺乏尊重,对同伴缺乏友爱,更甚者还会通过行动、语言来烦扰他人,颇让人头疼。

ODD 的这种典型的对抗、挑衅行为，是有一个循序渐进的发展过程的。他们总是挑战规则，所以在开始阶段，他们会试探着通过忽视指令或发脾气、争论等方式来迫使父母改变家庭规则以减少对他的"限制"，而正是由于父母的退让，使其行为得到强化而愈演愈烈。

> ODD 孩子的第二大特征，是常有消极、敌意、愤怒的情绪。

- ODD 孩子的情绪是不太稳定的，因为他们常接收到外界的负面反馈。其实他们的内心时常感到无助，自尊心强的孩子更加感到受挫，如果抗挫能力弱的，就会表现出很容易因一点小事而发脾气。因为敏感，他们很容易过度解读他人话语的意思，甚至曲解他人善意的话。

- 他们发脾气的时候，比较容易对他人表现出怨恨，会把一切消极因素都归咎于他人。因而常与父母、老师、同伴产生冲突，甚至出现攻击行为，这种攻击是由于愤怒或挫折激发的冲动性攻击，过后他们又会产生内疚和悔恨的情绪。

- ODD 孩子小的时候常与母亲和照顾者发生矛盾冲突，进入青春期时，往往母亲已经不是其"对手"了，父亲会更多地加入对他的管教中，因而与父亲会产生更多的冲突。这个时期孩子的生理和心理正在快速地发育，也会更容易冲动，冲突会更为激烈，更难于管控。

> ODD 孩子的第三项重要特征，也是区别于一过性（"一过性"指某一临床症状或体征在短时间内出现一次，往往有明显的诱因）的特点是：孩子的社会功能受损，表现为对学习毫无兴趣，学习成绩多数也不尽如人意。

如果父母和老师试图通过让孩子更加努力来提高成绩，往往会以失败告终。由于 ODD 孩子常出现烦扰、怨恨、敌视他人等特征，他们的人际交往会面临许多困难，渐渐地孩子容易被边缘化，慢慢变得更加孤僻、不合群，不愿或较少参加集体活动。

渐渐地，这些孩子与父母、老师、同学的交流越来越少。当亲子关系、师生关系，以及同龄人之间的关系受损，那孩子会加速进入对抗环境的恶性循环中。

比较常见的对立违抗性障碍的症状包括：

· 经常发脾气
· 经常与成年人争吵
· 拒绝遵从成年人的要求
· 总是质疑规则，并拒绝遵守规则
· 故意做出使他人（包括成年人）烦恼或不安的行为
· 因自己的行为不当或错误而责备他人
· 容易被他人嫌弃很烦人
· 言辞会比较刻薄、严厉、不友好
· 会寻求报复

值得一提的是，ODD孩子其实是知道对与错的区别的，他们并不是分不清好歹。对立违抗行为通常始于孩子学龄前，也就是在幼儿园阶段就会初露端倪，但往往可能要等到小学甚至中学才真正发病。

对立违抗性障碍的诊断标准

我们在这里使用最新版的DSM-V(《精神障碍诊断与统计手册(第五版)》),以其中对对立违抗性障碍的诊断标准作为参考。

1. 生气/易怒情绪、好争辩/反抗行为或具报复心的行为模式至少持续六个月,呈现下列任何类别的症状至少四项,且至少在与一位非同胞个体互动中显现。

生气/易怒情绪

- 经常发脾气。
- 经常是难以取悦的或易受激怒的。
- 经常是生气的与愤慨的。

好争辩/反抗行为

- 经常与权威者争辩,儿童及青少年患者则是与成人争辩。
- 经常违抗或拒绝服从权威者的要求或遵守规则。
- 经常故意去惹恼别人。
- 经常将自己的过错或不当行为怪罪于他人。

具报复心的行为

-6个月中至少有2次怀恨或报复的行为。

需注意，以上这些行为的持续度与频率，应与某些属正常范围的行为区别开来。

对未满5岁的儿童而言，上述行为至少在6个月期间的大多数的日子里发生。对5岁以上的儿童，这些行为应至少在6个月期间每周发生一次。当然，这些有关频率的准则是诊断一个症状的最低准则，其他因素也需要被综合考量。

例如：此行为的频率与强度，是否符合孩子这个年龄段的发展常模，还有诸如性别、文化背景等都需要被考量。

2. 这些行为困扰，还与个人在社交关系（如：家庭、同学、同事）中的苦恼有关，这些负面情绪或事件，是否严重影响到其社交、教育、职业或其他重要领域。

3. 这些行为不是仅出现于精神疾病、药物使用影响、抑郁症或双相情感障碍等，此准则也不符合情绪失调症。

根据症状所表现的场合与程度，ODD可分为轻度、中度和重度三个级别。

轻度
症状只在一种场合中出现，例如，孩子只在家里或学校里或与同伴在一起的场合下才表现出症状

中度
孩子的这些症状表现会在至少两种场合中出现

重度
孩子的某些症状会在三种或者更多的场合中出现

这也意味着有些孩子在症状之初，可能只是在家里表现得非常对抗，在学校中还能正常生活与学习。而随着时间的推移，他会在其他的环境中，比如在教室里，和同伴在一起的社交场合里，都表现得非常消极和对抗。这也表明了症状的程度在加深。

温馨小提示

诊断标准放在这里仅作为参考，家长如果有疑问，还是推荐带孩子到专业医院进行诊断，以免误判。

对立违抗性障碍的发病机制

目前关于ODD发生机制还存在许多争议,引起发病的原因尚不明确。主流的可以用来解释ODD成因的因素有三大类。

一、社会学因素

大量研究发现,**家庭因素**是影响ODD发生的最重要因素。

有各种各样问题的家庭环境,如家庭矛盾冲突多、家人间缺乏情感交流、单亲家庭、破裂家庭等;父母药物滥用或违法;父母患精神疾病、存在某些人格缺陷,如神经质、低的适应性和责任心、焦虑、抑郁等,以及父母受教育程度低等,以上都是重要的影响因素。

而家庭中的养育方式也与ODD的发生相关。拒绝—强制养育方式是最容易引起孩子对立违抗的模式,父母对孩子严厉干涉、拒绝、否定,甚至粗暴打骂、体罚,这些如果成为孩子成长环境中时常发生的状况,孩子自然就会习得少用脑、少用情感、直接对抗的模式来应对。

挫折-攻击理论认为，当孩子的目的行为受阻或被迫中断时会产生挫折感，从而产生对立违抗行为。相反，父母对子女过度保护、放纵的教养方式，也会使儿童的自我不断膨胀。孩子从婴儿阶段的全知全能感，到了解自己有所不能，是一个逐渐成熟的过程。宠溺孩子的家长，往往习惯性地把孩子的所有错误都归因于他人的过失，甚至明知这样是没有道理的。如此一来，孩子就无法在冲突面前学习自省、学习从更多的视角看待问题。另外，被过度保护的孩子耐挫力也会变差，导致不知道如何正确地应对困难、面对他人的批评，哪怕他人是正常地提出建议，都会被孩子放大成针对自己的攻击。

学校因素也是不容忽视的方面。校纪校规，以及老师的教育理念是否留给学生足够的成长空间？如果对孩子的不良行为进行不适度的责备、训诫、惩罚，会使他们产生挫折感。面对困难和挫折，孩子往往会采取对抗、消极抵抗甚至攻击的应对方式。

二、心理因素

ODD 的发生，常伴随其他各种心理问题。

大约 54% 患有多动症的孩子在青少年时期出现 ODD，共患注意缺陷多动障碍（Attention Deficit Hyperactivity Disorder，简称 ADHD）是 ODD 预后不良的指征。我们一致认同，ODD 是品行障碍（Conduct Disorder）的前驱症状，品行障碍又是反社会型人格障碍（Antisocial Personality Disorder）的前驱症状，其间形成了一个发展的谱系。大量研究发现，ADHD 共病 ODD 的孩子在 16 岁及成年时期发展成品行障碍或反社会型人格障碍的比例都不低。

也有研究称 ODD 是一种情绪障碍。

ODD 共患焦虑障碍、抑郁障碍也很多见。我国韦臻在长沙市的调查中，排除 ADHD 及其他精神障碍后，发现单纯 ODD 孩子普遍存在抑郁和不同类型的焦虑障碍，如广泛性焦虑症、学校恐惧症等，尤以女生更显著。

> 这也造成了一种说法：ODD 行为实际上是继发于抑郁情绪的表达方式。

三、生物学因素

目前对 ODD 生物学影响因素的研究还不多,主要研究集中在下丘脑-垂体-肾上腺轴。研究发现,ODD 男孩在外部压力下的唾液皮质醇和血管活动的变化与正常儿童不同;ODD 男孩肾上腺雄性激素的水平较高;在遇到精神刺激时,他们的心率、皮肤电传导降低,提示机体对刺激的反应能力减弱。

也有研究发现,5-羟色胺(又称血清素)功能减低与攻击性行为有关。近年来对 ODD 患者的执行功能研究颇多,发现 ODD 患者通常意志力薄弱、行为缺乏目的性和计划性,可能与大脑前额叶执行功能缺陷有关,大脑前额叶是我们控制冲动的大脑区域。

对立违抗性障碍与其他问题

品行障碍（Conduct Disorder，简称 CD）

品行障碍是一种较严重的障碍，常起病于儿童或青少年时期，以反复的、持续性的攻击性和反社会性行为为特征。这些行为违反了与其年龄相应的社会行为规范和道德准则，侵犯了他人或公共的利益，影响儿童或青少年自身的学习和社会功能。

> 关于 CD 的诊断标准，在此书"附录一"中详细列出了，供参考。

- 对比 ODD 和 CD 两者诊断标准，我们就能发现，ODD 的表现较 CD 更轻微，而且 ODD 孩子一般诊断的年龄更小，往往小于 10 岁。
- ODD 孩子对人和动物并不表现出攻击性，不会毁坏财产或出现偷窃、欺骗等行为。他们主要表现为消极、敌意、愤怒的情绪。

注意缺陷多动障碍
（Attention Deficit Hyperactivity Disorder，简称 ADHD）

我们在此系列书的第一册就详细介绍了 ADHD，而本册谈的 ODD，在 ADHD 孩子中更为普遍，它们是经常互相牵扯出现的症状，即"共病"。

有数据指出，25% 的 ADHD 男生和 10% 的 ADHD 女生可能会发展成 ODD，如果这些孩子不接受正规的诊断和后续帮助，其中约 40% 还会逐渐恶化成 CD。所以如果孩子本身有 ADHD 和 ODD 的共病，需要家长格外关注并采取措施，避免出现预后不良。

对立违抗性障碍典型案例

案例分析1 >>> ADHD 共病 ODD

小A，小学五年级，男生

小A在刚进小学一年级的时候就被诊断为ADHD。

他的父亲在外地工作，一年中只能回家几次，跟孩子的关系不太亲近，也就对孩子的情况不是很了解。而当小A升学到了四年级以后，父亲工作调动回家乡了。回到家中生活以后，他才  发现原来自己的孩子在生活中的许多表现都让人感到困扰，之前因为和孩子相处的时间较少，只觉得他有点闹腾，但没感觉到问题的严重性。而且孩子的妈妈平时跟他通电话又常常是报喜不报忧。所以小A在学校里因为ADHD的问题，各种表现都很糟糕，孩子父亲实际上是不太知道详情的。

在小A父亲回到家乡工作以后，他发现孩子在日常中的许多表现实在是太出乎预料了，有些几乎不能忍受。所以小A父亲就觉得可能是自己之前对孩子的管教缺失，而母亲又溺爱所造成的问题，他现在有责任来管教这个孩子了。但他也没有很多耐心，脾气一来就会体罚小A，认为只有让孩子服管，才会有所改变。而事实上，体罚多了以后，也就是小A到了小学五年级的时候，孩子开始出现明显的对立违抗症状。

小A在学校里的主要表现是跟老师作对，老师讲什么都不听，不服从老师的管教，还常常跟老师起冲突、顶嘴。

分析

我们抛开那些令老师和家长都很难忍受的行为部分，对小A进行分析。其实这是一个情绪一直不好的孩子。他原来确实是有一些ADHD的症状，老师在课堂上批评过他，但他回到家，妈妈能够照顾到他的情绪，能安抚他。而妈妈也没有跟孩子爸爸说过孩子有什么不好，所以原来孩子的内心还是平衡的。但问题是小A爸爸回到家里后，开始越来越多地体罚他，这时孩子内心里的抵触情绪就变得更加强烈，这种不敢在家爆发的愤怒感只能压抑在内心世界，到了学校后就爆发了出来。在学校里，他内心的愤怒就转化为看谁都不顺眼，而且更容易显得焦躁，使得多动症的症状愈发明显。老师察觉后需要对他进行管教，于是小A有了一个反抗的对象，就开始与之进行对抗。

> 这种对立违抗的模式，一旦开启，就很容易变成一种条件反射：只要你来压制我，我就强烈地"反弹"给你。

孩子大脑中理性思维的区域毕竟还没有发育完全，很多时候他的思维条件反射也是不准确的，别人未必有强烈压制他的意图，但可能会被他当作是批评指责和严厉的管制，导致他反应过激。一旦时间久了，孩子这种以过激的模式形成的对立违抗，会让老师质疑这个孩子是不是有道德品质上的问题。

我们如何在一系列负面评价之下，去看清小A的问题呢？

孩子发生强烈转变的时间节点与他爸爸回归家庭而形成的新的教养模式及亲子关系有着密切的关系。所以说对立违抗性障碍的形成，和孩子所处的教养环境息息相关。小A爸爸的这种体罚式教育，无形中促成了孩子用对立违抗这种行为作为反抗的表达，甚至可以说是造成小A这种行为的直接因素。所以在对小A的治疗中，他的爸爸需要完全地参与进来，并对他的教育模式有深刻的认识。如果家长一味地认为都是孩子的错，而不改变自己的教养模式，对孩子的治疗就起不到很大的作用。

体罚式教育 —促成→ 孩子ODD行为 ✗

当然，也不是说 ADHD 孩子都会出现 ODD 的症状，虽然这两者之间确实有着非常高的共病概率。有一部分 ADHD 孩子的症状是隐性的，比如以感统失调为主的症状，这样的孩子在课堂上并不会惹是生非，甚至常常被老师同学忽视他的存在，但他确实也没有能力认真听讲，思绪经常游离在外。这样的孩子往往心智比较幼稚，跟同龄人玩的时候，不太懂得一些社交的基本规则，有时会做出一些奇怪的，或者出格的举动，但这和 ODD 行为还是有差异的。

ADHD 孩子，因为显性症状更多，家长在教育上往往容易失去耐心，和孩子形成对立。我们还是建议家长参考此系列书籍中《坐不住的孩子》的内容，来理解他们，并按照正确的模式来照顾和教育孩子，这样能降低 ADHD 孩子转化为对立违抗性障碍的概率。

案例分析 2 >>> AS 共病 ODD

小 B，小学四年级，男生

小 B 是因 ODD 症状来寻求治疗的。

这个孩子出身在一个家境优渥的家庭里，他的父母、外婆把他照顾得无微不至。但用小 B 妈妈的话说，小 B 在家里面虽然没有惹过什么太大的麻烦，但是总感觉他似乎相较其他同龄人更加冷漠，有时候觉得他的情感与情绪与周围的人是不协调的、有距离的。

小 B 的主要问题出在哪里呢？小 B 特别爱玩电脑游戏，一开始的时候，每周六他爸爸不在家，妈妈就允许他在家里电脑上玩，玩了一天以后，这个孩子就变得一发不可收拾了。慢慢地，他几乎沉迷游戏，到了日日夜夜都想着要打游戏的地步。妈妈肯定是不同意他这样打游戏的，在亲子冲突中妈妈说理不成，就强行把他用的电脑关掉了。但妈妈也没有想到才四年级的孩子，为了玩游戏竟使出了全身解数和家里人抗争，甚至到后来妈妈只要反对他打游戏，他就会对妈妈动用武力。不只和妈妈打架，他后来还直接宣布不去上学了，这样闹了几次，妈妈无奈只能退让了，为了让孩子去上学，不得不让孩子使用电脑。

而小 B 玩游戏经常玩到深夜还不睡觉。才小学四年级的孩子就整夜不睡打游戏怎么行，这个时候爸爸想采取强硬的态度，但发现已经没什么用了，孩子的反抗到了要拼命的程度。而且问题延展到不仅是打游戏的问题，不管家长说什么，哪怕好好地说，都会触及孩子那根"反骨"，这不仅让家长感到身心俱疲以及很深的不解与挫败感，还使得亲子关系逐渐恶化。

分析

小B就这样被家长软硬兼施地带来了咨询室，初看到这个孩子就让人有些诧异，他的眼神不像一个普通孩子的眼神，而是带着一种毫无情绪的距离感，还有些凶狠，面对陌生人、长辈或者咨询师，他都完全没有一点儿小孩子的胆怯或者好奇。后来咨询师与小B的沟通也是很艰难的，无论跟他讲什么，他脸上始终没有什么表情，不要说笑容，就是一点点情绪都不带的漠然。问起他为什么这样沉迷打游戏，他说："我就是要打游戏啊，我要在家里打游戏。"咨询师跟小B说他这个年龄是需要去学校上学的，放学了以后有时间再打游戏，他就说放学回家后会有很多作业，做完那么多作业就没时间打游戏了，所以就不想去上学。他的逻辑就是这样直接，而且完全没有商量的余地。

妈妈也补充说，小B就是这样一种特别固执的性格。当我们问起他在学校里的情况怎么样，跟同学的相处模式如何，妈妈说他好像还没有和同学直接起过冲突，班级里还是有关系不错的同学，因为他学习成绩是不错的。在小学阶段，老师的教导还是会比较大地影响到孩子们的认知，因为小B的成绩不错,老师有时也会表扬他,所以还会有些同学主动跟他交往。但是他与人相处确实不是很热情,几乎不见他跟小伙伴们嬉笑打闹那种亲密的时候。

最让家长难以接受的,还是因为打游戏的争端,孩子竟然能对妈妈动手,下手不知轻重,打得妈妈手上很多淤青。妈妈说万万没有想到自己教育出来的孩子会打自己,而且动起手来眼睛都不眨。妈妈平时对孩子是很宠爱的,也投入了很多情感去照顾他长大,就算妈妈有一些过激的言语,但孩子表现得也太无情无义。

后来经过评估,我们确诊小B是患有阿斯伯格综合征(AS)的孩子,而他的对立违抗成为一个非常主要的共病症状。在了解了小B的问题后,妈妈开始理解孩子的冷漠感来自哪里,也开始调整自己的心态,学习如何与AS孩子相处。

小B的父母真正理解了小B的各种问题行为，他们允许小B暂时不去学校。最后小B在家待了半年多的时间，当然实际上就是打了半年多游戏，而下一个学期开学的时候，他自己就愿意去上学了。作为一个阿斯伯格孩子，小B有一套自己的逻辑和不受别人干扰的自我世界，当他受到阻碍的时候，会促发对立违抗的症状。当然，小B的家长也经历了一个转变的过程。当他们真正接纳了自家孩子的与众不同之处，就尽力营造更加安全舒适的家庭氛围，这本身也有很强的疗愈作用。小B打游戏打到一定的程度，他的内在体验就变化了，而当他感受到父母对自己无条件的爱与接纳后，他的对立违抗行为就会减少很多。

案例分析3 >>> 单纯性ODD

小C，小学六年级，男生

这是一个在学校里让所有老师都有些忍受不了的孩子，他会在上课的时候突然站起来指责老师，如果老师批评他，他还会动手跟老师打架；有时候他甚至会独自跑到学校的楼顶上大声叫喊。小C所呈现出来的症状就是很典型的对立违抗性障碍，而且经过评估，他也并没有共病多动症或阿斯伯格综合征问题。

分析

既然这个孩子不是天生的神经功能上的问题,那就必然要去分析一下他成长的家庭环境。

第一,这个家庭与其他普通家庭不太相同的一个地方是,小C平时更亲近爸爸,而不是妈妈。小C的妈妈在个性上有些冷漠,似乎她只是生了小C而成为妈妈,但并不因此而给孩子天然的母亲的温柔支持。她跟孩子有冲突的时候,从来不会有半点让步,像永远要战胜孩子才罢休。小C因此而更愿意亲近爸爸,但爸爸也不是属于非常温情的性格,也就是说他的家长都不是能很好地表达情感的类型。

第二,在家庭的互动中,我们也发现小C的家长并不关注他的情绪状态,对孩子的要求往往是说一不二地必须贯彻执行,毫无商量的余地,完全不顾孩子的感受。小C在成长过程中,一定是表达过自己的感受,但是他慢慢发现自己表达情绪完全起不到作用,在家长那里根本得不到回应,都被忽略掉了。所以这个孩子的情绪一直被压抑,于是学校成了他宣泄情绪的一个出口。

所以小C把矛头指向了教他的老师,而且他是"无差别攻击",他还总能找到理由去指责老师,轻则当场挑衅老师,重则甚至和老师发生肢体冲突。学校老师被他搞得筋疲力尽,于是校领导

就给家长施压,说他们没有管教好孩子,再这样下去就要送孩子去工读学校(道德品质有问题的孩子集中的学校)。

> **总结**
>
> 小C的情况就是没有其他共病的比较典型的单纯型ODD。他的这个问题来源跟教养环境紧密相关。具体表现为:你叫他不要做什么,他就偏要做什么;你越不允许他做什么,他就越要做什么。通过这种破坏性的行为来打破他感受到的约束,而且形成了一个快速反应的模式,不管家长或老师是有意的还是无意的表达,都会被孩子解读为是在约束他。很多时候,你会在这样的孩子眼睛里看到他们流露出来的不屑,似乎根本看不起你,也很不想跟你合作的那种眼神。

对立违抗性障碍的治疗

对 ODD 孩子的具体治疗需要经过专业人士的评估，主要会综合考量孩子的年龄、整体健康状况和病史情况，结合孩子症状的严重程度和发生频率，以及孩子对特定药物或治疗的耐受性，并与监护人共同探讨对孩子病情发展的预期，综合以上因素再确定诊疗方案。

目前比较常见的治疗方法包括：

个体心理治疗

针对 ODD 的个体心理治疗通常会使用认知行为疗法（CBT）来提高患者的问题解决技能、沟通技能、冲动控制和愤怒管理技能。

家庭联合治疗

家庭治疗通常侧重于改变家庭系统，如提高亲子沟通技巧和亲子互动。对父母来说，养育患有 ODD 的孩子经常会面临很多困难，父母也需要得到支持和理解。

另外，治疗师还能帮助家长学习更稳定、更积极并且能减少父母和孩子挫败感的养育技能。在某些情况下，孩子会与家长一起参加训练，以便每位家庭成员能就如何处理问题达成一致。

同伴小组治疗

同伴小组治疗,指差不多年龄段的孩子组成一个团体,定期进行团体活动。他们可能是有相同问题的孩子,也有并不完全相似的。通常在这样有专业带领的团体里,更侧重于发展孩子的社交技能。

药物治疗

虽然目前为止并没有单独针对治疗ODD有效的药物,但如果孩子存在其他症状或障碍并对药物产生反应,如ADHD、焦虑障碍或抑郁症等其他状况,经专业人士评估后,可配合使用药物,以有助于改善这些症状。

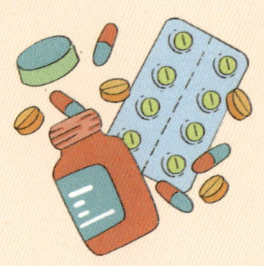

第 2 章 家长如何应对

家有对立违抗的孩子，对身边的人来说都是一种考验，尤其是作为ODD孩子的父母，往往会承受双重的压力。一重来自孩子本身，他不服管教，还常常发脾气，自己作为家长的角色总是受挫；另一重来自孩子与他人的对抗，也许是学校老师、亲戚长辈、邻居，哪怕是路人，当孩子莫名与人发生冲突，作为家长总会感觉到自责，觉得是自己没教好孩子。

破解"对立违抗"的迷思

我们常常会被家长问起到底该如何应对孩子的对立违抗行为,在家长的访谈中,也会听到家长不同的意见。我们知道每个孩子都有不同的个性和不同的成长环境,而对立违抗又恰恰是经常和其他问题共病的一种症状,所以如何去处理那些常常令人头疼的情况,每个家庭也多少都会找到一些自己的策略。

我们摘取部分最具代表性的应对模式,与大家探讨一下这些模式的可行性。

> **如果孩子发作,完全冷处理,眼不见为净**

在孩子情绪和行为最激烈的当下,采取冷处理的方式,确实可能起到稳定孩子状态的作用,就像在火上不能再浇油,温度要先降下来。

但是,家长在事后一定要做好一个工作,不然当下眼不见了,而心肯定不会一直净。这一个关键工作,就是要向孩子明确表达行为的界限在哪里。

案例

孩子明明是因为自己粗心把作业写错了，妈妈指出后，孩子却因为赌气一直不肯承认，还故意不订正，妈妈多次催促后，孩子突然生气，竟把作业本给故意撕破了。如果在那个时候，妈妈仍旧坚持一定要订正、一定要他承认错误，孩子可能会做出更加出格的举动，所以这个时候妈妈可以离开一下现场，也给自己一个平息情绪的机会。在孩子闹腾结束之后，妈妈需要和孩子一起去面对作业本被撕破而不能上交的问题，以及错题没有理解知识点的问题。这时候，妈妈需要让孩子知道，撕破作业本是一个违规的举动，未来不希望再次发生，这次发生后也需要进行相应的补救，比如说用透明胶把撕破的地方粘好，或者把今天的作业在新的本子上重新做一遍。可以让孩子自己选择补救措施，但他必须承担后果。总之，要让孩子明白，不能弄坏作业本，作业必须得交，这是一道界限。说明界限的时候，尤其需要家长坚定不妥协。至于题做错了，还有老师可以指导后订正。孩子发脾气时用笔敲桌子之类的行为，这些可以暂时放到下一步再处理。

如果我们家长在孩子病症发作的时候，真的完全不理会、直接忽略他的所作所为，那这样的后果是，孩子虽然知道自己的行为不讨家长喜欢，但家长也没有反应，自己可以随心所欲、为所欲为地发泄。更遗憾的是，孩子也许真的无法意识到自己行为是否合适。孩子的规则与边界，最初就是在与家长的互动中慢慢建立起来的。对于ODD的孩子来说，这点尤为重要。

重要的事情说三遍，也许家长树立规则与边界的重要工作不止三遍，要一遍又一遍地坚持下来，才能看到结果。

如果孩子发作，就用更强硬的态度去克制

ODD的孩子本身就容易情绪失控，加之孩子的表达能力本也不足，他们情绪上头的时候，就会表现得态度特别强硬。

这时也是家长最容易感受到挫败的时候，一个孩子竟然连脾气都能大过家长，而且完全不讲道理。如果遇到"火暴"的家长，想着"哼，就不信还治不了个小孩！"，然后用更强硬的态度去压制孩子，我们都可以脑

补出此时家里鸡飞狗跳的场景。

也许在孩子身高不及父母的时候，这招能暂时管用一下，但营养好的孩子可能比你想象的更早地就不把你当作对手了，而你真的准备好了，去接受一次比一次来得更激烈的对抗吗？

这种模式是所谓的"以硬碰硬"，孩子当时感受到的是强烈的压力和不安全感。在这种激烈唤起的状况下，孩子的身心状态更容易进入"攻击还是逃跑"的防御模式，这可是留在我们人类基因里对付"大野兽"的模式。做家长的其实都并不想在孩子心目中成为敌人的角色。

而且孩子的行为模式往往是从模仿家长开始的，如果家长用"一物降一物"的方式对待孩子，那孩子总能在外面找到他能降的"那一物"。

如果孩子发作的影响不大，就依着孩子没关系

在外面公众场合，ODD孩子一旦发作起来，常常会让家长感觉颜面尽失。家长要么强硬压制，要么就放弃一切原则，先依着孩子息事宁人，以减轻孩子发作造成的影响。

也有些家长的应对标准会变化不定，有时候明知道孩子的要求是无理的，但看到孩子纠缠、哭闹，尤其有愈演愈烈的趋势，就会依从孩子，心想与其这样对抗耗时耗力，不如忍一忍图个清静。

要知道ODD孩子发作时与家长的互动，是个双方博弈的过程。如果家长轻易妥协了，孩子就无形中积累起了他"成功的经验"，他可能真的想不到

父母妥协背后的原因，而只会认为原来我这样一闹，他们就会妥协。

"对立违抗"是一个可以矫治的问题，但如果成为孩子的一个工具，那很可能成为他长期的行为模式，到时候要矫治就更难了。

ODD 孩子的任何行为都是想激怒大人

其实站到孩子的角度想，他的每一次发作，都伴随强烈的愤怒情绪和一些过激的行为，这些言行本身是高耗能的。在孩子种种的反抗行为之下，我们作为家长是会去做一些辨别，还是一旦孩子反抗，都主观地认为孩子就是想激怒我们？

有些时候，孩子的反抗行为，其实反映出的是他社交技能的缺失。其实他只是有一个需求，但是他不知道如何正确地表达出来，就用了这样容易被对方误会的方式去表达。还有些情况是孩子内心里渴望与家长的互动，但家长的反应让他感受到不被尊重和理解，因此孩子选择用反抗的方式来表达受伤和难过的心情。

所以，在习惯以对抗的方式进行亲子互动的家庭，家长需要经常自我反思和检视，而不能过于主观和情绪化地处理孩子的问题。

与对立违抗孩子相处的策略

与ODD孩子的相处，确实考验家长的耐心与智慧。本节我们从改善行为和预防行为两个方面来谈谈，在家庭环境中，如何与孩子更好地相处才能更有力地支持孩子的改善。

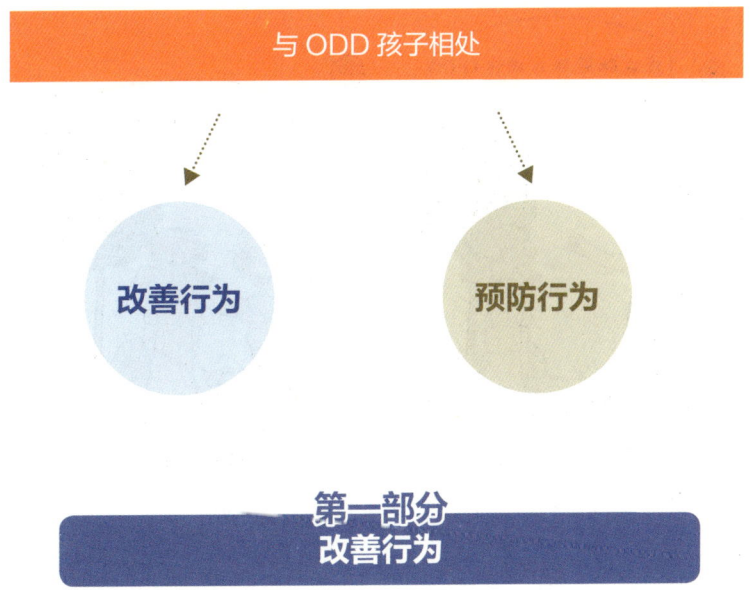

第一部分 改善行为

保持冷静，避免争论

ODD孩子发作时是处于高度应激状态的，对此家长尤其要保持冷静。这个说起来容易，做起来很难。因为在孩子不断的对抗中，家长很难不生气。这时候，也许可以把自己稍微抽离出来片刻，或者把自己想象为一段木头，而孩子是发热的炭条，如果炭条不能冷却下来，那自己也会被点燃烧起来。

陷入情绪中的孩子往往会强词夺理，拒绝服从家长的要求，这个时候家长要避免进入争论的漩涡，只需要给予孩子简短指示或者回应即可。指示简短但要表达明确，不能因为简短而变得生硬而带攻击性，比如"就是要怎样怎样！"，表达清楚要求就好，比如"作业是明天早上要交的"。与应激状态下的孩子过分争执根本是无效的，反而会在激烈的情绪上火上浇油，进一步激化孩子的对抗行为。

先处理情绪，再处理行为

在孩子发脾气或者情绪失控时，先不要着急去制止或者给予评判。家长可以把孩子当下的情绪描述出来，比如说"我看到你现在很愤怒"。这种共情式的语言本身就带有安抚的作用，当然说话的语气要真诚和关切。试想，如果家长上来就说"你怎么又在生气？""你为什么要这样生气？"，这种话语中夹带的责备孩子是完全能感受到的。而ODD孩子往往更加敏感，他们

会非常细致地观察大人对待他的尊重、耐心的程度,所以沟通的时候要特别注意语气和态度。

正如家长要尽快让自己冷静,我们也要给予孩子适当的空间和时间,让其情绪平稳下来。

孩子情绪稳定下来之后,家长才能以坚定、平和的态度,清晰地告诉孩子行为要求,即什么事情是可以做的,什么要求是可以答应的。同样的,什么事情是坚决不能做的,什么要求是不可能答应的,都要清清楚楚地告知孩子。

一次两次孩子可能记不住或难以做到,但每次家长都坚定地再说一遍,也代表了这些规则是不会变的。慢慢孩子才会有所改变。

后果清晰,责任明确

孩子的每一次发作,家长都要让他知道自己行为产生的后果,并需明确责任,让孩子承担后果。

　　对于孩子的各种行为，家长的处理方式要保持一致。这点家长比较容易疏忽，比如说孩子今天不能按时完成作业，按照约定，孩子明天的游戏时间会被扣除，而且如果第二次发生同样的事情，可能扣除的时间会增加，一切都要按事先的约定来。但如果家长在气头上，对孩子说整个周末都没有游戏时间了，或者孩子第二天补上了作业，就不对他进行惩罚。长期如此，家长制定的规则约定就会失去效力，孩子还可能借这样的漏洞钻空子。

温馨小提示

　　家长也需要注意，惩罚并非是持久有效的策略，我们管教孩子还是要避免用那些侧重惩罚的方式，尤其是带体罚的方法。特别是对于ODD孩子，这点更加要强调一下，孩子本身就在用带攻击性的方式来应对外界了，在家里受到惩罚的方式会成为他效仿的模板。

理解倾听，善解需求

去理解孩子不当行为背后的原因，对家长来说也是重要的一步。不妨先放下批判的姿态，真正聆听孩子的声音。

先引导

家长可以先引导孩子觉察自己的行为，让孩子说说"自己在做什么？""为什么想做这个行为？"而不是基于自己的想法直接对孩子进行评判。

再思考

然后再陪着孩子一起思考，这些行为可能产生的负面后果。家长也要尝试着去辨别：孩子是真的不知道自己言行的后果，还是他明知道不可为，但因为自己的需求没被满足而故意为之。

如果家长能了解到孩子真正的需要，那不管现实中能否满足他的需要，只要家长能明确地将孩子内心的需求说出来，对孩子就有极大程度的安抚作用。有时当孩子提出一些家长无法满足的需求时，家长往往会被愤怒、自责等情绪淹没，不敢直接面对，感到无能为力。事实上，家长完全可以坦然面对孩子的需求，让他说清楚、说完整，因为"说出来"就"好了一半"，"说出来"也给了家长和孩子一个缓冲的空间。如果家长有能力妥善处理孩子的需求，那将有助于减少孩子负面行为反复出现。

在心理学领域，我们都认同一个观点：绝大多数的痛苦都来自未被满足的需求。所以看到孩子的需求是把开锁的"金钥匙"。

因材施教，善用奖励

家长还可以根据孩子的能力情况制订合理的行为期望及目标，并据此设立奖励机制。

前面已经讲过，尽量不要对ODD孩子使用惩罚的手段，家长要善用奖励机制，而奖励永远都是需要精心设计的环节。

最好的奖励当然是孩子自己喜欢的东西，这需要家长平日里多留心。也不需要用金钱作为奖励的价值标准，有时候用心的东西，恰是孩子需要的东西，不值钱也很管用。当然，奖励不一定都是物质的，一句鼓励的话、一起看场电影、一次出游等都是能让孩子开心的。聪明的家长会发现，情感的链接才是最重要的。

> 家长用奖励策略的目的，是鼓励孩子以更正面、良好的行为来取代过去的问题行为。

需要提醒家长的是：这些奖励也要先和孩子讨论并达成一致，而不是由家长单方面说了算。要知道，ODD的孩子是最擅长无视他不认同的东西的了。

比如早餐到底要吃什么，可能家长会从书上讲的营养角度以及自己准备的时间等综合因素去考虑。但这份食谱最好是和孩子一起商定，在这个过程中，既能把营养健康的饮食理念传达给孩子，也给了孩子表达自己喜好的机会，有的孩子因为早上去学校要晨练，不想喝牛奶，就可以商量着换成稀粥，或者酸奶，也可以让孩子带去学校，等课间的时候喝。如果没有这些协商而单方面认为早上就是得喝完牛奶才算营养的一餐，很可能会换来孩子的消极抵抗。

第二部分 预防行为

所谓"防范于未然"，我们当然希望孩子能够尽量少地发作，所以有一些工作可以由家长提前准备好，尽可能地帮助孩子减少产生对立情绪的情况。

在家庭中制定清晰的行为规则

正如我们前文多次提到的，为 ODD 孩子树立规则很重要。这些规则应该要涉及日常生活中的各个方面，可以按从早到晚的时间顺序来梳理。规则中使用的语句要简短明晰，千万不要长篇大论，反而失去重点，孩子也记不住。

这里说的按时间顺序来梳理，切记不是要把时间全都写上，变成一份一日作息时间表。家长在这份行为规则里要明确的是"应该做什么""不能做什么"。做什么事情可以得到奖励，什么事情会受到惩罚，要有具体措施。

全家都确认过内容后，最好是制作打印出来，贴在家中显眼处。如果内容比较多，也可以根据最常发生的地点拆开成几份，分别贴在几处。

提前准备应对的方法

孩子的对立违抗行为并不是一开始就"无差别攻击"的，基本都是先从家里开始，慢慢发展到学校，最后到社会上。一般来说，家长会比较了解孩子在哪些情况下更容易发作。

如果预感到孩子有可能会在特定的场合发生问题行为，不妨花些时间提前教导他更佳的应对方法，或者一起探讨如何应对才好。相当于先给孩子"打预防针"，避免事发突然让家长感到难堪。

这样做至少是个提醒，让孩子能更注意自己的言行，但千万注意表达的方式，不要变成一种威胁，让孩子提前感到难受了。

作为孩子最直接的行为榜样，这些规则不是只针对孩子一个人的，家庭成员都应该遵守。以身作则始终是最好的教育。

改善习惯性行为

ODD 孩子的对抗或者报复行为,是一种习惯性/下意识的应对行为,它是在一朝一夕中养成的。同样的,改变它也不是一个道理说通了就能做到的。

家长可以抓住生活中的一些契机,巧妙地教导孩子如何应对生活中的不如意之事。不一定要等孩子犯错了才进行教育,这个工作也可以在日常中做,比如借助别人家发生的故事、媒体中报道的事件、绘本故事等,跟孩子讲讲一些冲动行为、一些反社会行为的危害。

讲故事是一种非常好的与孩子沟通的方式,在讲故事的过程中,家长是可以很方便地"植入"一些理念的,比如:可以通过开放式的故事结尾,让孩子说说后来可能会发生什么,或者面对很糟糕的后果问问孩子在之前还有没有更好的办法来解决这个问题。

我们当然希望孩子不会遇到这些问题,但通过交流讨论,会帮助孩子建立应对这些问题的思维方式。所谓熟能生巧,理性的思维模式重复多了,自然能在实际应用中发挥作用。

还想对家长说

亲子关系，是我们面对 ODD 孩子需要特别关注的问题。

下面给家长一些实质性的建议。

□ 每天腾出一段时间陪伴孩子

哪怕 15 分钟也行，陪伴孩子进行一些轻松的活动。在这个相处的过程中，请放下家长的身份，只是以建立信任关系为目的的陪伴。就是这或长或短的相处时间里，我们放下期许和目的，陪伴孩子聊天、玩游戏、共读、做  手工、做家务……做任何你俩愿意一起参与的事情，请一定要管住自己的嘴，不要动不动就给予指令："你应该做什么""你不应该做什么"，甚至一有差错就责骂孩子，也请在这个时间段里，不要对孩子的行为进行纠正。你要做的，就是做一个全然接纳孩子的家长。这个过程中，也是在培养孩子与他人进行情感交流的能力。ODD 孩子往往共情能力弱，他们在攻击他人的时候，对对方痛苦的感受像是完全没有反应一样，或者在挑衅他人时，只能单方面体会到自己有多

痛快。这种失衡的感受，会让他们的攻击行为变本加厉。不能共情别人的感受，是演变成品行障碍甚至反社会人格的一个重要指征。

□ **不要忘了帮孩子建立正面的自我形象** ODD 孩子平日里对外有多凶，也相对地承受着同等分量的负面反馈。所以他们内心里的自我形象其实很可能非常糟糕，哪怕他表现得好像非常了不起，谁都不放在眼里。家长可以多欣赏孩子的正面特质，试想自己家的孩子除了这些令你头疼的问题，就真的没有一点其他的优点了吗？家长放大孩子的优点，可以帮助他塑造更健康的自我形象。很多家长往往走向了另一端：不停指责孩子。因为家长往往认为除了自己没有谁能对自家孩子的缺点如此了解，似乎不停地指出缺点，才是尽到了自己的责任。不知道家长有没有发现这样的规律，孩子身上，缺点越批评越多，优点越夸越灵。ODD 孩子需要更多的鼓励和赞美。当然，父母的夸赞也要符合实际，一个孩子不可能找不到优点，关键要看家长有没有一双用心观察的眼睛。

▢ 放慢说话的速度、保持语气平稳

家长与孩子在沟通时，要学会放慢说话的速度、保持语气平稳，不要倒豆子似的一次说太多话，可以在谈话间增加一些停顿，以便观察一下孩子的反应。我们说

"交谈"，其实就是一个交互的过程，要知道孩子很可能跟不上你的思维速度和语速，所以放慢节奏才能更好地沟通。

如果孩子一时拒绝当面交流，也不用强行沟通，可以考虑尝试换种方式，比如把想跟孩子讲的话写在便利贴、留言板上面。有时候，爸爸妈妈的一张小纸条，会有意想不到的效果哦。

▢ 呵护孩子的自尊心　在与孩子谈论他的问题行为时，家长要注意避开同学、朋友等同龄人，避免让孩子尴尬，呵护孩子的自尊。这其实是很容易做到的事情，却常常被家长忽视。当众让孩子没有面子，很有可能引发孩子的过度反应。

对立违抗是一种互动间产生的问题，家有管不住的娃，某种程度上也说明家长与孩子的关系是需要修复的。家长最好先放下想要"管教"孩子的心情，用心感受孩子行为背后的原因及了解孩子的真实需求是什么。

第 3 章

学校老师如何应对 ODD

在学校中，对立违抗的孩子并不少见，但凡班上有一个这样的孩子，对老师来说都是不小的挑战。这些孩子很难管理，无论是面对同学还是权威的老师或是学校管理人员，他们的攻击性都很强。他们经常不听从老师的指示，故意挑战班集体的行为规范。另外，虽然这些孩子的智力是正常的，拥有和正常孩子一样的学习

潜力，但他们常常有学习障碍。有时候也分不清，"学习障碍"和"行为问题"这对孪生兄弟谁先出生谁后到来，总之这两个问题有着紧密联系是公认的事实。

另外，正如我们在第一章提及的，"对立违抗"和"品行障碍"属于两个级别，所以一般来讲，小学初级阶段开始出现对立违抗性障碍，如果该问题得不到疏解，确实有很大的概率会发展成品行障碍。如果孩子的问题行为发展到触犯法律的层面，那社会上还有一种特殊的学校是收容此类学生的，过去叫"工读学校"，现在改称"专门学校"。这些学校收12~18岁、有品行障碍或者违法行为不适合在普通学校就读的学生。

从现实的角度看，如果孩子成为班级里那个老是和老师作对，总是惹是生非的角色，真的很难在学校里获得好感。本章主要给在校工作的老师们一些可行性建议，帮助他们应对班级中的这些"刺儿头"。

老师与ODD孩子相处，也分几个层面，下面为大家分节介绍。

适应校园生活篇

识别孩子

老师首先要把脾气不好、也不好管的 ODD 孩子，从单纯的调皮捣蛋学生里辨别出来。当我们了解这些孩子是神经发育层面的问题，就会在受到他们无理的挑衅时，理解这是孩子的"病态"表达，这样能帮助自己尽量地稳定情绪，不被他们带偏。这一点是尤为重要的，相当于也为孩子开启了一个稳定的疗愈空间。如果老师不能很好地控制自己的情绪，在感受到攻击后，立即回击，或者用自己的权力去压制，那就相当于和孩子一起陷入了困境。

> 班主任责任尤其重大，班主任温和稳定的应对态度，为这类孩子提供了明确的引导，对稳定整个班级的秩序也起到了"定海神针"的作用。

班主任做好沟通

这份稳定，还需要班主任和其他任课老师先做好沟通。ODD 孩子的问题行为，常常持续几个月甚至半年。他们不是因为某些事情感到愤怒，而是可能在相当长一段时间里常常感到愤怒，他们还经常挑战权威人士，有时连校长都不放在眼里，因为他们感知对方立场的能力是极其弱的。

当所有与此类孩子有交集的任课老师了解了孩子的发育缺陷,那大概率不会出现五花八门的应对措施:这个老师罚抄写作业、那个老师罚站墙角、某个老师可能还被气到哭……如果所有老师都了解孩子的情况,能用统一的标准应对孩子的问题行为,对孩子来说也是很重要的。

> ODD 本身是一种不良互动中产生的问题,我们不能让孩子反复因老师的不理解而产生压力。

班主任要提前与各科老师做好沟通,最好让大家统一以正向、清晰、一致的方式应对这一类孩子,明确在哪种程度上可以忽略这个孩子的举动,出现问题应该如何处理,或者也可以统一交由班主任来处理。这种稳定一致的反馈,会更有利于改善孩子的言行。

创造空间

学校需要给 ODD 的孩子提供一些合适的空间和时间,让其可以不受干扰地调整好自己的情绪。因为这类孩子天生敏感,情绪也容易爆发,所以在其发作时期如果能够让他在独立空间冷静一下,避开不相干的人的干扰,也有助于安抚孩子

的情绪。学校可以设立"资源教室"或者心理教室等一些特殊的空间，供学生安全使用。

留心观察

平时老师也需要留心观察孩子的言行，读懂孩子言行背后的真实目的或需要，比如孩子突然发脾气或者就是不肯服从某个指令，那他生气到底是因为什么事情？孩子虽然表现得易激惹，生气频率高，但谁也不会无缘无故地

生气，总是会有背后的原因，只是因为ODD孩子不能好好地表达，甚至有时自己也不是很清楚原因，情绪就不受控制了。所以当孩子发作时，老师需要耐心地安抚其情绪，并拨开那些令人不快的行为表层，探寻背后的原因，慢慢地才能知道孩子不能被满足的期待到底是什么。

制定奖励机制

老师还可以想办法规范ODD孩子的言行，并制定孩子良好行为及进步的奖励机制。这可能需要一些额外的工作，比如定期地记录孩子的行为表现，对孩子的每一个进步都加以奖励，以使其巩固下来。这个做法和之前在家长篇里谈到的奖励制度有异曲同工之效。

老师要善于利用积极的语言、手势或者其他积极肯定的情感表达方式作为奖励。对于ODD学生任何恰当行

为，老师一定要毫不吝啬地表扬，这种强化作用是行为管理成功的关键因素。比较可惜的是，现实中那些需要得到强化表扬的孩子，却因为各种行为问题而极少获得表扬。

跟心理老师协同合作

另外，如果学校有条件的话，班主任可以和学校的心理老师协同配合。从专业治疗的角度看，如果能将来自不同班级的 ODD 孩子组合成一个小治疗团体，对他们进行团体辅导和行为训练，这会是一种非常有效的方法，而且还能帮助他们提升社交技能。

人际关系提升篇

可想而知，大多数ODD孩子人际关系堪忧，因为谁也不愿意和一个常常发脾气的人走得太近。ODD孩子除了会挑衅他人，还常常怀有报复心，所以他们要是吃了亏是不会轻易原谅对方的，睚眦必报是他们的信条。

老师如果要建立跟ODD学生的交往，最好的方法是从他们的兴趣爱好入手，老师可以陪伴孩子一起进行他所喜欢的活动，在愉悦的活动期间，创造师生的情感链接。

第一 对ODD学生来说，共情能力的培养，是需要特别关注的地方。

> 举例：老师可以通过各种方式，引导孩子体会其他人的情绪，比如做表情识别游戏、编故事等，观察和培养孩子对他人情感感知的能力。当然，这要求老师本人能真正对学生投入情感，这是最动人的情感交流。

除了师生关系，老师还应帮助ODD孩子融入班集体的群体活动。在这之前，老师需要在班级里做些工作，帮助这类比较特殊的孩子得到集体的接纳。

从低年级起，一个学生在班级里的受欢迎程度，会和老师对待其的态度相关。如果老师都表现出嫌弃或者动辄当着全班同学批评惩罚一个孩子，那这个孩子毫无疑问会成为班级里的边缘人物，甚至成为被霸凌的对象。

ODD 的孩子也许说话狠、动手也狠，未必会在肢体上受到霸凌，但是他们不讨人喜欢的性格，加上一直对抗老师，得不到老师的支持，往往会被集体冷落或排斥，这其实也算是一种心理上的霸凌，对孩子言行的改善非常不利。

所以老师是需要运用一些技巧来帮助 ODD 孩子融入集体的，比如：有时安排他为集体做一些力所能及的事情，有时对他进行适度的表扬，为他刷些正向的"存在感"。

在班级中老师可以通过一些"别人的故事"，来教会大家如何处理不合理的情绪爆发，如何应对挑衅，如何保护自己及如何原谅别人。这样的故事可能要比别的班级花更多的时间去进行集体讨论，才能让集体达成一些共识。其实无形中也在教育孩子们如何与他人相处。

在 ODD 孩子参与集体活动之前，也可以适时引导他思考如何去应对不同的场景，并告诉其如果按照他想的去做在现实中可能会导致怎样的后果。这个过程也可以通过一些小游戏来完成。

不少 ODD 孩子都属于"一根筋"的思维模式，遇事几乎不经过思考，经常会有冲动过激的行为。在真实的团体活动场景中，他们很容易与他人发生冲突，这也是老师格外要操心的地方。老师可以考虑安排班级里比较稳重可靠的孩子多陪伴 ODD 孩子。这样既能对 ODD 孩子起到安慰作用，减少冲突发生，也能让老师及时知道事情的真实情况。

第二 帮 ODD 孩子分析他人所思，更好地理解他人。

除了共情能力差，ODD 孩子还有个特点：不仅自己的言谈举止不经思考，而且他们对别人的意图也是不经过大脑思考的，比较容易就直接理解为敌意或威胁，所以经常用对抗的方式来应对。因此老师也要帮助他们学会

分析他人的想法，去了解一些常识性的"言下之意"，帮助孩子更好地理解他人。

> 老师不能仅限于教课本知识，老师可以利用日常各种机会教 ODD 孩子一些社交技巧，在班级集体活动中，创造一些轻松愉快的机会，让 ODD 孩子熟悉与人建立和维持关系的普遍方式。

积极学习态度篇

有相当高比例的 ODD 孩子在学业上有困难，而且他们往往是因为学习问题而被家长关注到。学习问题会早于他们的行为问题被重视。之前也举过例子，有学习障碍的孩子中，有不低的比例共病对立违抗。

在传统的学校环境中，如果学业堪忧，那孩子往往收不到客观的评价，他们中的一部分会压抑自己，少说话，少做，少被老师看见，成为任何场合里的"透明人"，但也有另外一部分孩子，就会开始事事对抗以找到自我的确立感，后者就是我们所说的 ODD 孩子。

正如本书前面提到的，ODD 孩子的智商都是没有问题的，而且学习能力基本也是达标的，但他们在学校中的学业表现不良，有时候确实跟自己的 ODD 问题相关。老师在辅导此类学生的过程中，会遇到比辅导普通孩子更多的问题和困难。ODD 孩子不爱学习，对抗老师，老师教什么他反感什么，就是不肯学进去，很容易让老师放弃对他的努力。

> "到底是一个学习上确实有困难的孩子难教，还是 ODD 的孩子更难教？"

其实老师需要更加了解 ODD 孩子的一些特殊之处，也许一些对症的小举措，就会带来不一样的效果。

比如说，ODD 的孩子喜欢对抗老师的安排，那在开始某个课程的教授或者学习前，老师可以把接下来的流程提前告知他，并把课堂的规则再强调一下，告诉孩子哪些行为是老师不能容忍的，哪些行为是老师不喜欢的但能理解的，等等。虽然这样做不代表可以让孩子安静地坐着听课，但是他一旦有应激反应，老师可以拿出事先讲过的规则来劝阻他。当这种流程变为一种模式，对改善 ODD 孩子的行为是有助益的。

为了保障正常的学习活动能起到更好的效果，也可以适当地加入让孩子能够自行做出选择的机会。

> 比如说，让孩子自行选择与哪位同学搭档，比如说让他做一个小团体的小组长，可以自由选择组员，甚至是让孩子自己选读哪段课文之类的小任务。ODD孩子是非常注重控制感的，老师如果看到了他的这个心理需求，就可以尽可能巧妙地去满足一下他。这对稳定他的情绪，增强他的存在感，都是比较有帮助的。

温馨小提示

ODD孩子如果共病学习障碍，那就比单纯因为对抗老师而造成的无法听课要更严重。具体我们在第三册学习障碍的书中有更详细的介绍，此处不再赘述。当然对老师来说，要做适当的辨析，搞清孩子具体的情况，要避免只看到突出的问题，而忽视了可能存在的共病症状。

家校沟通合作篇

ODD 孩子一般都在普通学校里就读,学习成绩普遍不太好。但是这些孩子的内在动力却属于很强的一类。所以如何利用好他们本身的动力,帮助他们控制情绪、管理注意力、培养自制力,是学校和家庭需要合力来推动的事情。

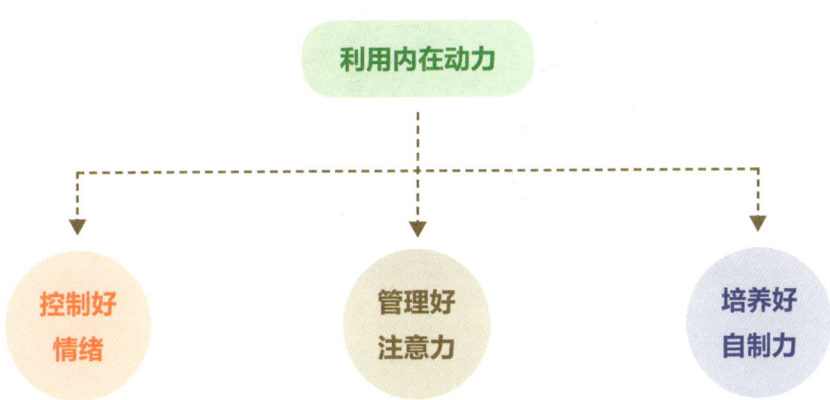

从我们一线咨询的经验来看,大多数的 ODD 孩子,他们的家庭大概率存在着一些沟通上的问题,或者家长有暴脾气,甚至会用体罚的方式教育孩子等。

> 孩子的 ODD 症状不是某一天突然发作的，而是日复一日逐渐固化下来的，他们往往没有学会很好地表达自己，或者根本没有机会去表达自己的感受。所以，家长和学校老师都有义务成为孩子生活中的一面镜子，保持自己情绪稳定。

对孩子最好的教育模式，是家长与学校可以进行开诚布公的沟通和合作，为 ODD 孩子量身定做学习方案，包括在学校和校外的学习和行为训练。双方都需要拿出资源，互相借力，并保持良好的定期沟通，以确保孩子的变化都在可控范围内。如果孩子还在就诊、服药，最好和医务人员或个体心理咨询师建立通畅的沟通模式。

还想对老师说

对立违抗的孩子，敢在学校对抗老师的，往往在家也会对抗父母。他们虽然脾气暴，但神经并不大条，反而极端敏感。他们在与大人的互动中，会非常在意大人是不是用了居高临下、以强对弱的方式来命令他，对这些他尤其反感。

学校是个讲究规则的地方，老师当然希望大家都遵守规则，但是ODD的孩子偏偏会不把学校的规则当回事，他们会拒绝接受老师的指令，挑战老师的底线，还喜欢挑班级同学都在场的场景来挑衅，目的是将他的影响扩大化。

> 如果老师当下与孩子争论或者讲道理，都不会起到太大作用。我们要时刻记住：孩子的挑战行为是方式，而不是目的，他的行为背后往往有着更深层的原因和他未被满足的愿望。

在课堂上,当被 ODD 学生挑战的时候,老师该如何做更合适呢?

第一

老师应该继续上课,用这种坚定的回应,告诉 ODD 孩子:"我不受你的影响""你改变不了我"。

第二

也需要告诉全班同学:"在××时间,老师会再来处理这个事情。"这个时间可以是课后、中午,或者你认为合适的其他时间。那在约定的时间之前,你继续上好课就行。当然,哪怕你暂时置之不理,这个 ODD 学生还可能在下面恶语相加,但请你一定保持冷静,至少讲完这节课。但凡你脾气上头,被他成功挑起愤怒,那就是真输了,能坚持稳定情绪时间越长,你的胜算就越大。别忘了,你应对的不仅是这一个小刺儿头,还有除了他之外的全班同学。

第三

班级里有ODD的学生，会给班主任的日常工作带来更多的挑战，工作量大大增加，花在沟通上的时间也增多。但如果老师能额外为班级同学进行更多行为规范的训练和教育，虽然暗里是帮助ODD学生，但实际上对全班

同学也会起到很好的教育作用。任何一个有特殊学生的集体，都不会只受到负面的影响。一个集体也是一个有生命力的有机体，就像我们生病时会激发免疫力，能包容这样一个特殊学生的班级，也许能成为一个更有活力的集体，对班级里的每一位孩子来说都是一种难得的教育。

第 4 章

机构能做什么

大多数ODD孩子是在普通学校就读的，但是据我们观察，这类孩子在学校里往往是被边缘化的，因为他们的特立独行展现出的是不讨人喜欢的一面，如果没遇上能理解他、帮助他的学校老师，那本身成绩也不佳的孩子，很有可能会厌学，甚至会辍学。

目前社会上也存在一些专业机构，能通过有针对性的训练和矫正，来帮助孩子改善不良的行为问题。父母们也一定能够理解，这些问题对成长发育中的孩子是非常关键的，因为如果任由其发展下去的话，ODD孩子有很大的概率会往品行障碍甚至反社会型人格上发展，这不仅给家庭带来糟糕的后果，对社会来说也后患无穷。

单独针对对立违抗性障碍进行矫治的机构非常少见，就像针对这个症状也没有特效药，ODD孩子往往是因其他合并症状而被父母带到专业机构的，比如说注意缺陷多动障碍、学习障碍等。因为对立违抗的言行，与孩子身上这些神经发育相关的问题是有着相依附的关系的，试想一个经常被人责备的孩子，当他未被善待过，还有自己再努力也改变不了的问题，他会选择用何种方式去应对？

现在有一些机构能够收治因厌学或被学校劝退而不去上学的ODD孩子。机构会给孩子进行全面的评估，并为其量身定制训练计划。这类机构可作为束手无策的家长的选择之一。

而且，此类机构还会组织父母互助团体，如对立违抗娃的家长团体。虽然加入团体的都是当下遇到难题的家长，但把他们组织在一起，的确可以起到互相支持和共同学习进步的作用。我们遇到的父母往往有两种，一种从来不认为自己的教养方式有什么问题，全都是孩子的错，或者更糟糕的是夫妻间互相指责，都认为是对方的错，是对方身上的毛病遗传给孩子了，或者对方把孩子惯成了天不怕地不怕的小霸王；而另一种则是把问题全都归在自己身上，认为自己啥都做错了，有勇气拿自己开刀，非常积极地参与学习，但突然一下子会不知道怎样和孩子相处了。父母互助团体，能有效地让有难管难教孩子的父母更正确地看待自己的孩子、自己的家庭及自己的养育方式。在某种程度上，也为孩子的康复与成长提供了必要的条件。

当然，把孩子交给机构的专业人士，并不意味着父母可以当"甩手掌柜"。家庭永远是孩子教育的第一课堂，对于机构老师包括本书提供的一些方法策略，家长都可以在家里实践起来。

这一章，我们就通过几个案例，来具体地了解一下专业的教育机构能为孩子的问题做哪些工作，能在什么地方帮助到孩子。

案例一

小明是一个 8 岁的男孩，他被母亲带来机构。母亲说他在家中表现良好，也不见他会情绪失控，还挺听话的，但在学校却经常对抗老师、与同学发生冲突。最近因为一次比较严重的冲突，甚至惊动了学校高层。

妈妈在介绍情况的时候，表现出了强烈反对老师的倾向，她认为是这个老师太小心眼了，就喜欢针对孩子，小题大做闹到校方。

机构对来访的孩子都会做全面的评估，不会完全根据家长的描述来认识孩子。在与家长的沟通中，机构老师一个疑问应运而生，为什么孩子在家里表现好，而到了学校里能对抗到惊动校方？而且学校做出劝退的情况肯定不是一般的小问题。

于是，机构专业人员分别与孩子本人、家长及学校老师都进行了沟通，询问了具体情况，做出评估如下：

• 问题分析

小明在学校和在家中的表现完全不同

小明在家中表现良好，因为他有一个细节控妈妈和一位严格的爸爸。这样的组合让小明根本没有机会不配合，而且一旦孩子不配合妈妈，爸爸就会体罚孩子，所以看起来孩子在家庭中是听话的，被管理得很服帖。

然而，他在学校的表现却与在家中有很大的差异。这说明学校和父母的教育方式有比较大的不同。小明在一家私立学校就读，老师的管理方式比较开明，对于学生的过失会给予警告，更多的是讲道理，并给予改正的机会，没有其他具体处罚，这反倒让小明没有把老师看在眼里。他认为只要配合妈妈完成作业，考试成绩好，其他妈妈都不会太在乎，他想要的东西，家里也都能满足。这种不同的教育模式，导致小明在家中受到压抑的情绪在学校释放出来，表现出对抗、自我中心等不良行为。

小明的心理特点

小明存在以下心理特点：自我中心、冲动压抑、不合作、求关注。这些特点可能是他在学校表现出不良行为的原因。例如，自我中心，无法理解他人的感受；性格冲动，在面对问题时没有考虑别人的立场，自己解决问题反而把问题变大了；无法建立好的关系；课堂上不举手就发言，扰乱课堂纪律。他屡教不改，老师也选择忽略他。

家长与老师的矛盾

在小明身上，家长与老师没有形成很好的沟通。家长认为老师小题大做，没有考虑到孩子的心理反应。而老师则认为家长过度包庇孩子的问题行为，无法继续与家长一起合作帮助小明解决问题。

这种情况，会让小明也有无所适从的感受。

·针对以上评估结果，机构制订了工作计划

☐ 家长与老师的沟通与合作

建议家长先与校方沟通，为孩子争取留校的机会。作为条件，家长可以承诺先到校陪读一阵，也可以现场观察小明在学校的表现和问题。同时，也让校方更加了解小明在家的学习和生活情况。这样才能找出家校双方都认可的问题所在。

☐ 家庭教育的调整

机构的家庭咨询师特意到小明家中，家访了解小明在家的表现和问题。针对父母教育方式中存在的问题，在获得了父母双方的认可后，开始具体的调整工作。

☐ 专业心理咨询师的介入

机构配备了小明专属的咨询师一起工作。
· 首先，咨询师安排小明和其他小朋友一起做作业和互动，观察他的行为习惯，了解小明的心理特点和问题。
· 然后，咨询师根据小明的情况，制订了针对他的个性化干预方案。
· 最后，咨询师通过一起做作业、团队互动模式及一对一心理咨询的方式，帮助小明解决心理问题，改善他的行为表现。
其间，咨询师还会与家长和老师保持联系，了解小明的进展和变化，调整干预方案。

· **干预成果**

与机构的共同工作，从小明小学阶段一直持续到他上初中。小明的行为表现得到了明显的改善。具体表现在以下几个方面：

☐ **反抗行为减少**：父母学会降低要求，小明的反抗行为明显地减少了。父母开始理解他偏慢的学习速度和会表露出来的惰性，而不再像过去那样靠严格地替孩子安排好学习计划来管控他。而当小明能身处合适他的生活节奏中，他的高焦虑也明显降低，他对人的态度也发生了变化，不再有高高在上的不屑，他开始尝试理解他人的感受。在面对问题时，能够给自己冷静思考的时间，不会像过去那样冲动地直接反抗。

☐ **自我中心行为改善**：小明的自我中心行为得到了明显的改善。他慢慢学会了理解人与人之间的差异，学习接纳他人，理解他人的需求和感受。在与人交往时，他也能够站在他人的角度考虑问题，不再是一个完全以自我为中心的孩子，从原始的自我全能感走出来了。

☐ **冲动行为减少**：小明的冲动行为明显减少了。父母降低对他的要求后，他开始学会控制自己的情绪，放慢速度，不再焦虑，在这种状态下，他可以自然而然地与别人相处,也就获得了更多善意的、积极的反馈。

□ **不合作行为改善**:小明在家得到合理的对待,不再紧张焦虑,合作的意图就开始增长,他学会了按老师的指令完成任务,与老师之间的关系融洽了很多。

□ **求关注行为减少**:小明学会与老师合作,老师没有再被他事事唱反调针对了,所以也没有刻意排挤他。在课堂上,小明似乎也不再需要用对抗老师的行为来博取关注。

□ **与周围人的关系改善**:小明学会尊重别人,学会与性格不同的人相处,同学们也看到了他的变化,对他的评价开始转为正向。孩子们其实是没有那么功利的,他们不和某个人相处,很多时候也是出于对自己的保护,或者不知道如何与对方相处。当小明表露出更加稳定和善意的信号,就有小伙伴开始和他交往了。

□ **个人潜能发展**:小明本身对大自然充满了好奇心,但是过去的时间被妈妈管得太严,导致无法拓展兴趣。而现在他有机会研究甲虫的成长和孵化,父母也转变思路给予他大力支持。他在家里饲养了甲虫,从虫卵孵化到幼虫一点点长

大,他自己会到网上找甲虫类专家请教饲养的方法,而且他把这些饲养盒子安排得井井有条,看起来像个小小科学家。他还能自己制作出精美的甲虫标本,在同好网友圈里经常有人要出钱购买他的标本,俨然成为这个虫圈小有名气的孩子。

撰写此书的时候,小明已经上初三了,他现在已经是学校一名优秀的学生代表,被美国的一所顶尖私立高中录取,很快就将出国深造。

总结

从当初表现差到惊动学校高层的孩子,到一个充分发展自己的兴趣爱好,能开启全新人生阶段的优秀学生代表,小明的进步真的是非常振奋人心的。

在这个案例中,能从孩子在学校的对抗行为中,发现他在家庭教育中受到了过度的管制和体罚。这是一个非常重要的切入点,所以机构制订的训练计划也是"多管齐下",不仅针对孩子本身的行为矫治,还注重通过让家长做出改变,同时还联合了与学校老师的合作,从根本上整体调整了孩子的生活、学习环境。在孩子的成长过程中,我们亲眼见证了环境改变的力量,孩子得到有效的支持,才能够合理地表达自己,并训练出适当的人际交往技能,同时还发展了自己课堂之外的兴趣。

案例二

小华是一个10岁的男孩，在家里是被全家人围着转的宝贝。然而，他在学校却无法遵守规则，对抗老师、挑衅同学。因为他在一所公立学校上学，老师管理大班级，对他的规劝几乎起不到作用。家长也不觉得孩子有问题，认为孩子只是年纪小还不懂事。

但是孩子的对抗性越来越强烈，学习也开始跟不上，时常发生情绪不能自控的情形。直到孩子后来开始对妈妈动手了，家长才紧急寻求机构的帮助，希望解决孩子遵守规则的问题，并帮助建立家庭规则，让孩子能够听从劝告，不再挑衅老师、家长和同学。

· 小华的行为问题分析

挑衅同学和对抗老师

小华在校无法遵守规则，经常对抗老师和挑衅同学。这种行为不仅影响了他与老师和同学的关系，也对他的学习和情绪产生了负面影响。另外，在学校中遇到的老师，基本对他没有特别的管教，处于放任自流的状态。

家长的不重视

尽管小华的行为问题越来越严重，但家长却没有意识到问题的严重性。他们认为孩子年纪还小，应该给予更多的关注和宽容。这种态度也使得小华的行为问题得不到及时解决。

学习出现困难跟不上

由于小华的行为问题，他无法专心学习，导致学习成绩下降。这不仅影响了他的学业发展，也增加了他的焦虑和压力。

情绪不能自控

小华有情绪波动大、经常失控的情况，他会大发脾气和动手打人。这种行为不仅伤害了他人，也给他自己带来了负面后果。

·家庭规则建立的建议

☐ **家长的重视和参与**

家长应该深刻认识到小华行为问题的严重性，并积极参与解决问题的过程。他们应该与学校和咨询师合作，共同制定家庭规则，并确保规则的执行。

☐ **明确的家庭规则**

家庭规则应该是明确、具体和可操作的。家长可以与小华一起制定规则，让他参与其中，增加他的责任感和归属感。既然是家庭规则，就不是只盯着孩子的学习，该规则可以包括行为规范、学习要求、家务分工等，尽量涵盖孩子日常生活的各个方面。

☐ **奖惩机制的建立**

为了激励小华遵守规则，家长可以建立奖惩机制。奖励可以是一些小礼物、表扬或者特殊待遇，而惩罚可以是一些限制性措施，如减少娱乐时间、禁止使用电子产品等。总体来讲，要善用奖励，而且尽量不要与金钱直接挂钩。

☐ 家庭沟通的重要性

家庭成员间沟通是解决问题的关键。家长虽然看起来很爱孩子，但是事实上他们对小华的了解是不够的，缺乏与孩子进行开放、诚实和尊重的对话，了解他真实的想法和感受。他们要学习如何给予孩子积极的反馈和支持。

同时，也需要理解，之前的家庭规则和奖惩机制都是建立在家长与小华之间达成良好的沟通的前提下，只有这个基础打好了，家长才能向小华解释规则的重要性和目的，让他理解规则的意义。

☐ 培养良好的情绪管理能力

小华的情绪不能自控是一个需要解决的问题。家长可以教给他一些情绪管理的技巧，如深呼吸、冷静思考、寻求他人帮助等。

温馨小提示

在这里，特别要指出的是，在情绪管理这件事上，家长不要忘了要做好自我管理，因为与 ODD 孩子相处确实不是件容易的事，他们的对抗往往从家庭内部开始，家长也是他们"安全的攻击对象"，就像这个案例中的小华，他第一次出手攻击妈妈的时候，妈妈觉得心理的疼远远大过身体上感受到的疼痛。而父母如果自己都不能很好地控制情绪，经常发生过度的情绪宣泄，这本身就给孩子做了反面的示范。

做一个成熟、冷静的家长，是自身的修炼课，也会对孩子的成长更有助益。

·干预成果

☐ **遵守规则的能力提高**：小华参加了暑假的训练营，和一些来自全国各地的不同年龄段孩子一起住宿和参加机构设计的训练和学习活动。通过训练营规则的建立和执行，小华遵守规则的能力得到了提高。他开始意识到自己的行为对他人和自己的影响，并愿意遵守规则，不再对抗老师和挑衅同学。

☐ **学习成绩的提升**：训练营中有很多学习的部分，但完全不同于补习机构。管作业的老师，会更侧重于培养孩子养成良好的学习习惯，而且会尊重孩子自己的学习节奏。小华在这个过程中，了解了学习有正常的流程，而不是他原来以为的自然就会，所以他开始重视学习的过程，而非直接的成绩表现。在焦点放对地方后，他还学会了自我疏解心理压力，会跟同学说："其实我成绩不好，不是我学不会。"他也慢慢地开始从不会或做错的题目中去发现和提出问题，代表他真正开始思考了。

☐ **情绪管理能力的提高**：通过训练营与小伙伴的互动，小华的情绪管理能力得到了提升。他有时遇到事情还是会生气，但是不动手打人。他学会了情绪管理，还在学习通过积极的方式表达自己的情感。

□ **接受别人的帮助**：通过自我觉察了解自己的行为问题，小华与师长的关系得到了改善。师长的参与和支持让小华感受到了温暖和关爱，增强了他对权威的认同与接受度。

总结

  小华的行为问题得到改善，主要是通过一种新的规则的建立和执行。家长的重视和参与也是解决问题的关键，家长与机构咨询师深度合作，共同制定出家庭新规则及在校行为规范，专业的指导确保了规则的执行。

  同时，帮助家长学会培养孩子的情绪管理能力，帮助他们学会控制自己的情绪。通过这些综合努力，小华的行为问题得到了解决，他的学习成绩和家庭关系也得到了改善。

案例三

小芳是一个 7 年级的女孩，14 周岁都还没满。但她在校经常抽电子烟，不管上哪个老师的课都自顾和同学聊天，有时候还会随意走动出教室，还发生过几次老师发动同学一起到处找她的事件。下课时她喜欢和同学嘻嘻哈哈胡闹，疯得不像个初中生的样子。到了晚上她在宿舍里也不服管教，舍管多次劝告都无效，拿她也没有办法了。校方跟小芳的家长反映她问题的严重性，家长反过来认为是老师针对这个孩子。

为了帮助小芳改善在校的情况，咨询师进行了家访，发现小芳来自单亲家庭，妈妈目前的生活状态无法有效地管教孩子。同时，小芳本人也不接受学校对她的各种管教。基于这些情况，机构决定采取全封闭干预训练的方法来帮助小芳。

> 全封闭干预训练是一种针对问题学生的特殊教育方法，旨在通过一系列的治疗和辅导活动来帮助他们改变不良行为和习惯。在这个案例中，咨询师安排了为期 6 个月的全封闭干预训练，内容包括原生家庭治疗、亲子心理辅导和遵守纪律技巧训练。

首先

原生家庭治疗是为了帮助小芳了解和解决她在家庭环境中遇到的问题。由于小芳来自单亲家庭，她可能面临着缺乏父爱的问题。咨询师在与小芳和她母亲两人进行面对面咨询的过程中，了解到母亲对于父亲抛弃母女俩是有非常深的怨恨的，这些年来她自己也并没有把自己的生活理顺，经常会跟小芳说过去的事，还沉浸在痛苦中，并传递出对小芳父亲的恨。而小芳对自己亲生父亲几乎没有什么印象，全是母亲嘴里那些负面的信息拼凑起来的一个糟糕的形象。这对一个孩子的成长来说，是个非常痛的创伤。通过缺位家庭的治疗，小芳理解到父母之间的恩怨其实与自己无关，这也卸下了她多年来一直认为是自己不够好从而爸爸离开了家庭的猜想。

其次

亲子心理辅导是帮助小芳和她的母亲建立良好的沟通和关系。在训练期间，机构老师组织了一系列的亲子活动，让小芳和她的母亲有机会共同参与其中。这些活动包括亲子游戏、角色扮演和情感表达等，旨在增强她们之间的亲密感和理解力。通过这些活动，创造了很多小芳和母亲从未体验过的互动场景，在咨询师的引导下，也引发了小芳和母亲去思考过去带来痛苦的沟通模式，通过游戏模拟，改善了她们之间的关系。

最后，遵守纪律技巧训练是帮助小芳学会遵守学校和社会的规则和纪律。在训练营期间，咨询师教授了小芳一些实用的技巧和方法，如时间管理、目标设定和自我控制等。这些技巧可以帮助小芳更好地管理自己的行为和情绪，从而改善她在校的表现。事实上，小芳是个自我生命力非常旺盛的孩子，在被接纳和理解的环境中，她不需要再用过去那套模式去应对，而自然流露出很多本真的优点，比如她对人的超凡观察能力、极强的社交能力，当这些优点被人看到和认可，她就会朝着更加正向的方向去发展。

除了以上的治疗和辅导活动，咨询师还帮助小芳梳理未来的目标，并鼓励她重新升始。通过与小芳的交流，咨询师了解到小芳对某些学科有浓厚的兴趣，并有一定的潜力。因此，咨询师鼓励小芳将这些兴趣转化为学习的动力，并和她一起商量制订了一个明确的学习计划。同时，咨询师还鼓励小芳积极参与学校的各种活动和社团，以拓展她的社交范围和增强自信心。

在整个训练过程中，咨询师与小芳始终保持着密切的联系，并定期进行评估和反馈。通过这样的方式，咨询师可以及时了解小芳的进展和困难，并根据实际情况进行调整和改进。

总结

针对小芳在校的问题行为和不良习惯，机构采取了全封闭干预训练的方法。这个训练包括原生家庭治疗、亲子心理辅导和遵守纪律技巧训练等内容。通过这些治疗和辅导活动，咨询师希望能够帮助小芳改善在校的情况，并与她一起制定未来的学习和生活规则。

温馨小提示

需要注意的是，全封闭干预训练并不是一种适用于所有问题学生的方法。每个学生的情况都是独特的，需要根据具体情况制定相应的干预方案。此外，全封闭干预训练也需要家长的支持和配合，以确保训练的顺利进行和效果的最大化。

在实施全封闭干预训练的过程中,还需要注意以下几点:

1. 尊重学生的权益
在进行全封闭干预训练时,必须尊重学生的权益和个人意愿。学生应该被告知自己的权利,并参与到决策过程中。

2. 个性化干预
每个学生的问题和需求都是不同的,因此干预方案应该根据学生的具体情况进行个性化设计。咨询师需要充分了解学生的背景、问题和需求,以便制订相应的干预计划。

3. 家庭支持
全封闭干预训练需要家长的支持和配合。家长应该被告知训练的目的和方法,并与咨询师保持密切的联系。家长应该积极参与到训练中,与咨询师共同制定目标和计划。

4. 持续跟进
全封闭干预训练不是一次性的活动,而是一个持续的过程。咨询师需要与学生和家长保持定期的联系和跟进,以评估训练的效果并进行必要的调整。

5. 综合干预
全封闭干预训练只是解决问题的一种方法,还需要结合其他干预措施进行综合干预。例如,学校可以提供额外的辅导和支持服务,以帮助学生改善在校的情况。

总结

全封闭干预训练是一种针对问题学生的特殊教育方法，可以帮助他们改善在校的情况。在实施全封闭干预训练时，需要尊重学生的权益和个人意愿，并根据学生的具体情况进行个性化设计。同时，家庭支持和持续跟进也是全封闭干预训练的重要环节。通过综合干预的方法，可以帮助问题学生重新融入学校和社会，实现个人的成长和发展。

案例四

小秦是一个7岁的男孩,被诊断为阿斯伯格综合征。全家都非常溺爱他,导致他生活自理能力很差,什么事都需要家人帮助。

小秦现在就读于一所双语小学,老师对他是比较包容的,但是他似乎经常听不懂老师的话,而且容易紧张、焦虑,上课有时候会发呆神游,而下课则容易和同学起冲突。老师因此向家长反馈,但是家长也不知道该怎么办。家长带他去做各种检查和训练,效果并不明显。

目前家长和老师都显露出焦虑的情绪,认为孩子虽然年纪小,但孩子的脾气却越来越大,上了小学学习难度也变大了,孩子过去的那点小聪明似乎再也凸显不出来,而他的情绪起伏和不可控性倒越来越成为问题。家长寻求机构帮助,希望解决孩子在课堂上不能遵守规则的问题,并帮助建立家庭规则,让孩子能够听从劝告,不再挑衅老师和同学。

为了深入了解小秦在校的情况,机构决定派出一名专业咨询师到校陪读1天,观察小秦在校的表现。这一天下来,咨询师观察到:小秦的表现有点神经兮兮，和同学们都保持距离，不接受别人的提醒。而且他对他人有很多负面的认识，认为别人总是欺负他，误会别人的好意。老师提醒他时，他也认为老师在批评他。

为了帮助小秦改善在校的情况，机构安排了暑期2个月全封闭训练。训练内容包括培养上课规矩、听课技巧、独立生活能力、心理辅导和社交互动技巧指导等。

通过这些干预措施，小秦逐渐学会了更好地处理自己的情绪和行为，并开始尝试与他人建立良好的关系。他的对立违抗行为有所改善，不再频繁发生。同时，他也变得更加自信和独立，能够更好地适应学校的环境。

在干预之前，小秦经常表现出对立违抗的行为，无法很好地适应学校的环境。但在干预之后，他的行为得到了改善，能够更好地与他人相处，并逐渐适应了学校的环境。最终，小秦转学，重新开始了学习生活。

· 小秦的行为问题分析

小秦症状分析

小秦是一位患有阿斯伯格综合征的孩子，AS是自闭症谱系障碍的一种类型，其特点我们在《说不听的孩子》一书中也有详细的介绍，常见表现为：社交困难，语言和非语言交流受限，刻板重复行为，对变化敏感，注意力集中困难。

在小秦的身上，可以明显地看到AS的症状。

家庭环境分析

小秦的家庭给到了小秦足够的爱,甚至可以说还有些过度。因为家长太过溺爱,导致他没有养成基本的生活能力。事事都被家长大包大揽的家庭,往往同时也没有给予孩子适当的自主权和责任。也正因为溺爱,父母对小秦的规范和约束就做得比较差了,导致孩子到了学校无法适应学校环境,产生各种问题。

学校环境对小秦的影响

一般双语小学的老师相对比较包容,但小秦因为 AS 症状,真的会听不懂老师的话。在这种情况下,小秦越发地容易紧张、焦虑。所以他上课时会经常坐在自己的座位上发呆,下课好不容易可以"放飞"一下自我,却总是会和同学起冲突。老师经常找家长告状,但家长似乎也无能为力。

·机构干预方法

咨询师陪读,观察小秦在校的表现,给出一份综合评定报告。
与父母和孩子沟通,安排暑期2个月全封闭训练。

· **干预措施的效果**

小秦逐渐学会了更好地处理自己的情绪和行为；他开始尝试与他人建立良好的关系；对立违抗的行为有所改善，不再频繁发生。

同时，小秦的生活自理能力大幅度提升，这让他变得更加自信和独立，能够更好地适应学校的环境。

最终，小秦的父母决定给他转学从一个新的环境重新开始。

总结

通过对小秦个案的分析可以看出，阿斯伯格综合征的孩子在学校和家庭中面临许多困难。需要特殊的关注和支持来帮助他们发展社交能力和适应学校环境。

专业机构的干预方法包括入校观察、全封闭训练和各种技能培训等，帮助孩子改善行为和情绪问题，提高他们的自信心和独立性。

这个案例表明，对于阿斯伯格综合征共病对立违抗的孩子来说，早期干预是非常重要的，可以帮助他们克服困难，实现个人发展和融入社会的目标。

案例五

小凯是一个 14 岁的男孩,他平时不爱多说话,反应也比同龄的孩子要慢一拍。他的性格有些固执,有时候会难以沟通。

小凯爸爸对小凯的要求非常严格,而妈妈却刚好相反,她对孩子的管教特别松散,甚至还有点儿讨好。小凯在读的学校里,老师的要求比较高,习惯性地批评学生,但小凯作为经常挨批的学生,却并不知道自己到底有什么问题,因此越来越排斥去上学。

当老师向妈妈投诉时,妈妈有点不知所措,觉得找不到与孩子交流的方法。另外她也担心如果让爸爸知道儿子在学校里被投诉,爸爸铁定会体罚儿子,妈妈很心疼孩子。后来家长带着孩子来到专业机构寻求帮助。

首先,我们需要了解小凯的问题所在。根据咨询师的认真观察,小凯存在"妈宝"、行为幼稚、学习困难、缺乏责任感、生活能力差等问题。这些问题导致他在行为上出现偏差,无法正确表达自己的意愿和需求,不会提问、不屑道歉、不肯服软,也不能接受拒绝和委屈。

· 小凯的行为问题分析

小凯的"妈宝娃"问题

小凯的家庭是明显的"严父慈母"型。

由于爸爸对小凯的要求特别严格,还会出现体罚,所以孩子并不太愿意与父亲进行沟通,内心里也不愿意接受父亲的教育方式。而小凯妈妈对他的管理松散还带讨好的态度可能加剧了他对母亲的依赖,他或许觉得只有妈妈才能给予他安全感和支持。

不管一个家庭里父母谁做对了、谁做错了,但凡父母俩的态度不够一致的,多少对孩子会有影响。

小凯的"空心人"问题

这是由于小凯在家庭中缺乏情感交流和关注所导致的。父亲对他的要求高,却没有给予他足够的关心和理解。这导致他内心空虚,缺乏自信和自尊。他不知道如何与他人建立良好的关系,也无法表达自己的情感和需求。

小凯的学习困难

这是由于小凯在家庭和学校中缺乏适当的教育和引导所导致的。

家庭中,父亲对他的要求高,但更多地是看结果,比如孩子考试的成绩,看老师的评语,而没有给予孩子在努力过程中需要的指导和支持。这其实也算是不少家长的通病了,每次到发成绩的时候就成为最关心孩子学习的时刻,而在平时很少真正关心孩子的学习方法、困难之类的。

在学校中,小凯老师对他的批评也让他感到困惑和无助。学校里也许有排名,有小凯怎么追也追不上的学霸,但老师也没能真正理解他的困难,给出他具体改善的指导,更不要说给予鼓励。

这样,小凯就始终没有找到适合自己的学习方法。

小凯存在行为幼稚和缺乏责任感的问题

小凯尤其不能控制他的情绪,经常看起来像个行为幼稚的孩子。小凯的生活能力差,动作慢、难以沟通和表达困难可能影响了他的日常生活和社交能力。他可能无法独立完成一些基本的生活任务,也无法与他人进行有效的交流和合作。

他还缺乏责任感,不愿意承担自己的学习责任。这可能是由于他在家庭中没有得到正确的激励和支持所导致的。

· 干预方案

☐ 重新建立环境

在训练营中，让孩子重新学习沟通技巧，结交新朋友，用新的方式开展社交。帮助小凯重新认识自己，学会提问、反馈、总结、拒绝等沟通技巧。

☐ 培养学习兴趣和责任感

通过学习治疗，帮助孩子掌握更好的学习方法，了解学习规律和学习困难的常态，避免完美主义。让孩子认识到学不会、听不懂、记不住、读不顺、计算错误、时间来不及都是正常的，这样可以避免孩子错误归因，形成习惯性学习焦虑。

教会孩子直面困难，想办法解决困难。告诉孩子清晰表达自己的学习困难，是负责任的表现。治疗师可以清晰了解小凯的学习困难，帮助他找到适合的学习方法。同时，可以给予小凯适当的奖励和激励，培养他的责任感和自我管理能力。

☐ 提供生活技能培训

帮助小凯掌握基本的生活技能，如独立完成日常生活任务、与他人进行有效的交流和合作等。家庭和学校都可以逐步引导小凯参与家务劳动和社会实践活动，提高他的生活能力。

☐ **提供适当的教育和引导**

咨询师找到适合小凯的引导方式，帮助他树立正确的价值观和行为准则。教导小凯如何正确处理自己的情绪和行为，学会忍耐和接受委屈或误会，不要过度较真。

同时，咨询师还帮助父母学会用孩子需要的方式教养他，指导父母学会设身处地考虑到孩子的需求。妈妈不再过度代劳，而是退后一步，成为孩子的帮手。

☐ **定期与咨询师交流**

家长定期与心理咨询师或行为干预师交流，获取更系统和专业的指导和支持。咨询师通过评估小凯的情况，制订个性化的干预计划，帮助他改善问题并提升自身能力。

总结

　　小凯的问题看起来不算特别严重，也是我们在孩子中发现的常见问题。机构能通过正确评估，找到孩子问题的症结，并联手家庭、学校和社会的共同努力来解决孩子的问题。

　　我们也发现孩子的无能或无知，有时候恰恰是因为没有人给他摸索的机会，也没有人真正地关注到他的需要，孩子的成长阶段中缺少了正确的指引。如果我们只关注结果，就会更多地从孩子身上找问题。机构的服务很好地整合了各种资源，使得孩子的学习能力、生活能力和社交能力都同步获得了改善。

案例六

小轩,9年级,16岁男生,被诊断有阿斯伯格综合征,当时已经休学在家,完全没有学习动力,情绪也不稳定。他会对日常最照顾他的妈妈言语攻击,妈妈几乎不能拒绝孩子的任何要求,否则孩子就会动手打妈妈。

比较特殊的地方是小轩的爸爸也有阿斯伯格综合征的倾向,但自己从没有去确诊过。他的表现是容易对孩子的话言听计从,没有任何抵抗力。爸爸因此被妈妈的强势隔离在亲子关系外。

妈妈带孩子来到机构的时候,直接提出三点要求:

1. 规律的生活。
2. 不用暴力解决情绪问题。
3. 不上学但需要培养职业技能。

· 机构初步评估

咨询师和小轩同学、妈妈进行了面谈,发现这对母子之间的关系存在一些失衡,似乎对于一个16岁的男孩来讲,和妈妈像是有共生的状况。而无法独立交流和表达个人意见的是妈妈,她需要经过孩子的同意才能发言。在这个家庭中,孩子已经习惯于通过掌控妈妈来满足自己的需要。

咨询师又约见了小轩的父母，在交流过程中，咨询师发现了爸爸被隔离在亲子关系之外。在夫妻关系中，妈妈成为了强势的那一个，她掌控老公，老公失去了发言权，所以常常表现出无所谓的状态。

和小轩一对一面谈时，发现孩子无法跟着咨询师的提问进行交流，经常是按自己的感觉沟通，喜欢主动分享自己的喜好，有滔滔不绝的输出，而且在输出时忽略别人的感受和反馈。

·小轩的行为问题分析

亲子关系的问题

小轩和妈妈之间存在过度亲密和共生的状况。在有外人存在情况下，孩子仍习惯性地掌控着妈妈的言行，需要她遵循他的指挥，哪怕是跟咨询师表达自己的看法，也要他先同意才能说。

而恰恰是这种看起来非常亲密的亲子关系，却可能让孩子角色错乱，没有安全感。

爸爸被排除在外的问题

在夫妻关系中，妈妈转身成为那个更加强势的一方。她用同样的方式掌控老公的发言权，显然爸爸已经在家庭中习惯了这种被打压的地位，所以反而对孩子的问题抱着无所谓的态度。

这种情况可能导致爸爸在家庭中缺乏参与感和责任感，也影响了一家三口亲子关系的平衡。

孩子无法交流的问题

在与小轩一对一的咨询时，孩子的沟通方式是"自说自话"式的，他会更多按照自己的思维输出非常多的感受，而并不跟随咨询师的提问。而他在自顾讲话的时候，也几乎没有关注过对方的反应和表现，哪怕对方多次想打断他的话，或者多次尝试转换话题，都不能被他正确地理解。

这些情况表明孩子在沟通和理解他人意图方面存在困难，这也让他在人际交往方面遇到很大问题。

孩子情绪紧张，表达词不达意

咨询师在沟通中，发现小轩容易情绪紧张。他虽然滔滔不绝地表达，但经常出现词不达意的情况，需要有人帮助修饰和优化他的用词，否则听起来容易误会他的意思。

孩子学习习惯上的问题

小轩学习上过多依赖家教，回家练习不够，一旦学习效果不如自己预期，就会选择放弃。这可能表明孩子在学习上缺乏坚持和自律的能力。

孩子幻想去日本生活

孩子喜欢看日本电影和电视剧，会幻想去日本生活，而从没有考虑过自己独立生活的能力，还期待妈妈可以跟着他一起去，并照顾他。

这可能表明孩子对幻想和现实生活之间的差距并没有清醒的认识，而且生活适应能力有限，需要更多的支持和引导。

妈妈过度包办代劳，没有界限感

妈妈过度包办代劳，没有树立正确的界限感。

哪怕孩子对妈妈有攻击行为，妈妈也害怕刺激到孩子，选择默默承受孩子的暴力行为，这无形中助长了孩子的错误行为。

妈妈还认为孩子爸爸置身事外，留她一个人面对孩子的问题，却从来都没有觉察到是自己在拒绝爸爸的参与。另外，妈妈也容易误会别人的意思，需要有固定的表达方式，才能听懂。这可能表明妈妈在处理家庭关系和教育孩子方面存在困惑和挑战。

·机构干预方案

机构给出了 2 个月全封闭训练营的计划，涵盖了对孩子的全方位的训练。

- ☐ 独立生活能力的培养
- ☐ 伙伴关系的训练
- ☐ 沟通的技巧
- ☐ 冲突沟通的训练
- ☐ 社交技巧
- ☐ 如何恢复关系
- ☐ 体能训练
- ☐ 挫折训练
- ☐ 情绪管理和情绪表达

另外，根据妈妈提出的要求，额外为孩子设计了职业技能体验，帮助他找出自己比较擅长的技能。升级版的服务还加入了应用 AI 的工具学习，帮助孩子解决学习上的困难，同时帮助他更好地学会学习。

同时，机构还对父母提供了专业的指导，对父母提出以下要求：

◆ 额外参与家庭教育课程学习

◆ 学会管理自己的压力

◆ 学会如何与青少年相处和设立界限

◆ 学会保护自己，不被伤害

◆ 学会拒绝孩子的无礼要求

◆ 强调要邀请爸爸参与育儿

◆ 恢复夫妻关系，学会新的合作模式

· **干预成果**

小轩经过全套的训练后，目前有了很大的转变。

第一　　他学习了合理管理自己的情绪和时间，还学会了照顾自己。他现在能开洗衣机清洗衣物，甚至还懂得处理衣服染色的问题；他能自己做几个简单的饭菜，也会叫外卖。

第二 妈妈能以一个协作者的身份参与任务，学会和孩子设立清晰合理的界限。该孩子自己做的事情，再简单也不轻易代劳。而妈妈的"撤出"反而让我们看到了孩子更多的可能性，小轩的生活自理能力越来越强，做的事情比以前多了，但脾气反而比以前好了。他虽然还没有能返回学校，但会自己安排家教老师的时间，以配合自己的学习。这些在过去几乎是无法想象的事。

第三 最关键的是小轩的性情上有了些变化。尤其他虽然在家时间长，但几乎不再对妈妈动手了。他整体的情绪比较缓和。他还学会了接受拒绝，学会了忍耐及等候。这对一位阿斯伯格的孩子来讲，是非常了不起的进步。

第四 更令人欣喜的是，小轩的职业发展规划也有成果。机构老师发现他在解读电影作品方面有比较突出的表现，就让他用视频录下自己对电影故事的解读内容，并在抖音上分享，这个过程让他直观地看到了自己的进步。他开始想象自己未来成为一个兼做影评人的导演。

第五 对于小轩的家庭方面，父母通过参加家庭指导课程，学会了更加有效地与孩子沟通和相处。改变了对孩子的过度宠爱和包庇，开始给予适当的规则和界限，帮助孩子建立自律和责任感。他们也学会了如何引导孩子解决问题，教导他接受自己的错误并学会道歉。这些改变使得家庭氛围更加和谐，家庭成员之间的关系也得到了改善。

案例七

小月是一个10岁的男孩，患有多动症、叛逆和选择性缄默症。在校经常发生不合作、挑衅和对立违抗的行为。他不听老师的话，与同学发生冲突，甚至动手打人。他的父母对他的行为感到无奈，尝试过多种方法来纠正他的行为，但都没有取得明显的效果。老师推荐他们寻找专业机构的帮助。

为了帮助小月纠正他的行为问题，机构采取了一系列的干预措施，同样的家校娃"三套马车"协同工作。

·机构干预

□ 父母访谈

咨询师进行了父母访谈，与小月的父母一起了解了孩子成长的情况和他在学校的表现。后期通过与父母的几次沟通，咨询师帮助小月的父母了解了多动症、对立违抗和选择性缄默症的特点和对孩子的影响，并针对小月的情况，向父母提供了一些有效的教养技巧和沟通方式。

☐ 与辅导员合作

咨询师与小月的老师和辅导员合作，制订了个性化的学习计划和支持措施，帮助他适应学校环境并提高学习成绩。这一步对孩子更好地融入学校生活非常重要，老师的支持力量，不仅能给到孩子本人身上，有时还涉及整个班级，共同创造更涵容孩子的氛围，也能让孩子逐步地回归到正常的轨道。

☐ 使用认知行为疗法

咨询师使用了认知行为疗法（CBT）等技术，帮助小月认识到自己的不良行为对他人和自己的影响，并通过积极的行为替代来改变他的行为模式。通过CBT，小月学会了更好地控制自己的情绪和冲动行为，从而减少了挑衅和对抗的行为。

☐ 社交技能训练

咨询师通过角色扮演和社交技能训练等方式，帮助小月学会与他人建立良好的关系，提高他的人际交往能力。通过这些训练，小月学会了更好地与他人沟通和合作，建立了更多的友谊。

☐ 情绪管理技巧

咨询师教授小月一些情绪管理的技巧，如深呼吸、放松训练等，帮助他控制自己的情绪，减少冲动行为的发生。通过学习这些技巧，小月能够更好地应对压力和挫折，减少了不良行为的发生。

□ 制定规则与制度

咨询师与小月的父母一起制定明确的家庭规则和奖惩制度，以激励他遵守规则并改变不良行为。通过制定明确的规则和奖惩制度，小月和他的父母之间建立了更清晰的界限，这有助于他更好地控制自己的行为。

□ 机构参与调整

咨询师定期与小月及他的家人进行跟进沟通，评估干预的效果，并根据需要进行调整和改进。通过定期的跟进，咨询师能够及时了解小月的进展和困难，并提供相应的支持和指导

· 干预成果

经历大概12个月的干预，小月的行为有了明显的改善。

首先他不再是过去的那个"小刺儿头"了，因为开始理解并尊重他人的意见和感受，他大幅度地减少了挑衅和对抗的行为。他也开始更加积极地参与学习和社交活动，与部分同学能建立起良好的关系。他的学习成绩也有所提高。

同时，他的父母也学会了如何更好地与他沟通和相处，家庭氛围也因此变得更加和谐。虽然小月仍然面临一些挑战，但他已经取得了显著的进步，并且有能力继续改善自己的行为和生活。

在"难管难教"的孩子中，ODD 孩子可能是比较难甄别出来的。因为孩子成长过程中多少都会有叛逆的阶段，学校老师接触孩子的基数大，而且孩子的对抗行为往往会集中在某位老师身上。此外，老师对家长的提醒，也可能被部分家长视为老师在针对自家孩子。对立违抗又是和很多其他神经发育障碍共病的，所以这类孩子经常是因为学习成绩不好，表现不佳，甚至惊动到学校层面，才被父母带来咨询。

事实上，ODD 孩子面临多重困境，如适应困难、沟通障碍、情绪问题和行为偏差等。当孩子在学校频繁出现问题时，家长必须高度警惕并及时寻求专业帮助。早期的行为干预可以防止孩子养成不良习惯。

近期校园暴力事件频发，这往往是长期在认知和行为上的偏差积累而成的结果。这些孩子无法接受他人的忽视或拒绝，以至于行为就会影响到周围的人。他们缺乏对后果严重性的思考，这导致他们在家庭中经常发生冲突，并将这种行为带到学校，对老师和同学表现出不尊重。对于这类孩子的家长来说，有效的管教是一项巨大的挑战。如果管教无效，家长可能会对孩子失去约束力。孩子会在家中习惯性地发生冲突，然后将这种目中无人的态度带到学校。老师可能会因为害怕与这些学生发生正面冲突而放低对他们的约束，这使得孩子的不良行为在校园甚至校外蔓延。种种情况都表明，仅仅要求家长约束孩子是不够的。我们需要一个综合的解决方案，包括学校、家庭和社会的共同努力。学校可以提供专业的心理辅导和行为矫正课程，帮助孩子树立正确的价值观和行为准则。社会也应该更加关注这些问题，为家长和教育工作者提供更多的资源和支持。

总而言之，我们不能忽视 ODD 孩子所面临的问题。他们需要我们的理解、关心和专业的帮助。只有通过我们共同的努力，才能为这些孩子创造一个包容、和谐的成长环境，帮助他们充分利用个性中优势的部分，克服各种困难，成就更美好、明亮的未来。

总结

通过家庭治疗、学校支持、行为疗法、社交技能训练、情绪管理、制定家庭规则和奖惩制度以及定期跟进等干预措施，机构的完善服务成功地帮助小月改善了他的行为问题。

这些干预措施不仅帮助小月改变了不良行为模式，还提高了他的学习成绩和人际交往能力。同时，这些干预措施也帮助到了小月的家庭，帮助夫妻之间及亲子之间建立起了更好的沟通和相处方式。所以看起来是因为孩子的问题来到机构寻求帮助，最后我们会看到改变的可能不仅仅是孩子本身，受益的还有他整个家庭。

附录一
品行障碍（CD）的DSM-5诊断标准

A. 违反他人基本权力或年龄相称的主要社会常规或规定，成为重复而持续的行为模式，于过去十二个月中，至少出现下列类别中十五项准则中的三项，而于出现的准则项目中，在过去六个月里至少有一项是存在的：

攻击人及动物

1. 经常霸凌、威胁或恐吓他人。

2. 经常引发打架。

3. 曾使用可严重伤人的武器（如棍子、砖块、破瓶子、刀、枪）。

4. 曾对他人施加冷酷的身体凌虐。

5. 曾对动物施加冷酷的身体凌虐。

6. 曾直接对受害者实施窃取行为（如街头抢劫、抢钱包、勒索、持械抢劫）。

7. 曾逼迫他人进行性行为。

破坏财产

8. 故意纵火，意图造成严重破坏。

9. 故意毁坏他人所有物（纵火除外）。

欺诈或偷窃

10. 闯入别人的房子或汽车。

11. 经常说谎以取得财物或好处，或者逃避义务（即指欺瞒别人）。

12. 曾在未直接面对受害者的情境下，窃取值钱的物件（如未破坏门窗或闯入的顺手牵羊；制造伪造证据）。

严重违规

13. 不顾父母的禁止，经常深夜在外；十三岁之前就有此行为。

14. 在与父母或父母代理人同住时，曾逃家至少二次，或是曾有一次长期逃家不归。

15. 十三岁之前就经常逃学。

B. 此类行为问题引起临床上显著社交、学业或职业功能减损。

C. 若满十八岁，应未达反社会型人格障碍的诊断准则。

参考文献

- Demmer DH , Hooley M , Sheen J , et al. Sex differences in the prevalence of oppositional defiant disorder during middle childhood: a Meta-analysis[J]. Journal of Abnormal Child Psychology,2017,45:313-325.
- American Psychiatric Association.Diagnostic and statistical manual of mental disorders（4 and 5 Ed.)[M].Washington,D.C:American Psychiatric Association Publishing ,1994 .
- 国家卫生健康委员会医政医管局编写 . 精神障碍诊疗规范 [M]. 北京：人民卫生出版社，2020:442-464.
- 陈雷音，罗学荣，韦臻，等 . 对立违抗性障碍儿童的父母养育方式、子女教育心理控制源及家庭功能特点 [J]. 中国临床心理学杂志，2019,19(02):209-211,214.
- 方萍，朱文礼 . 父母教养方式对伴与不伴对立违抗性障碍注意缺陷多动障碍患儿的影响 [J]. cnki,2018,39(08):1011-1013.
- 黄广文，苏林雁，苏巧荣，等 . 对立违抗性障碍儿童的自我意识及家庭环境因素分析 [J]. 中国神经精神疾病杂志 ,2006(05):403-406.
- James M. Kauffman, 情绪及行为障碍学生教育 [M]. 罗湘敏，杨碧桃，黄秋霞，等，译 . 台北：心理出版社，2008.
- 柯晓燕 . 美国精神障碍诊断与统计分册第 5 版与儿童精神医学相关的变化要点 [J]. 临床精神医学杂志，2013,23(05):345-347.
- 蔺秀云，李文琳，黎燕斌，等 . 对立违抗障碍儿童家庭影响因素和家庭相关干预方案 [J]. 心理科学进展，2013,21(11):1983-1995.
- 李冰 . 对立违抗性行为障碍的行为特征及影响因素的研究 [D]. 山东：山东大学，2006[2006-11-18].
- 韦臻，罗学荣 . 中学生对立违抗性障碍的父母养育方式和家庭环境特征的初步研究 [J]. 中国临床心理学杂志，2006(02):175-177.
- 王意中 . 陪伴孩子的情绪行为障碍 [M]. 台北：宝瓶文化出版社，2019.
- 肖力玮 . 对立违抗性障碍儿童的反应抑制能力研究 [D]. 中国地质大学，2009[2009-5-30].
- 朱焱，刘破资，苏林雁，等 . 冲动控制任务时对立违抗性障碍儿童的功能核磁共振研究 [J]. 中国儿童保健杂志，2006(05):439-441,444.